本書の構成と利用法

基本例文

・『Zoom 総合英語』のターゲット例文の中からとくに重要な例文を取り上げました。
「➡1」などは，『Zoom 総合英語』中での例文番号を示しています。
・文法や表現の観点から重要なポイントについて簡潔な解説を添えています。

問題

・基本例文と同じパターンの文を使ったドリル問題です。すべての問題が全文を書く形式になっているので，文法や構文を意識しながら書きましょう。
・**確認問題**は，各項目を横断した総合的な問題です。その課で学んだ内容の定着を確認しましょう。

表現しよう

・**基本パターン**を使って自己表現する自由英作文です。**基本パターン**は，その課で扱った文法事項のうち，表現のために有用な最も定着させたいパターンを取り上げています。

＋α

・**表現しよう**で作った英文を利用した活動です。授業でのペアワークとして，英語で対話したり発表したりすることで「英語で伝える」ことにつなげます。

1 いろいろな文①

参 pp. 24-31

A be-動詞の文（肯定文・否定文・疑問文）

① I **am** a good tennis player. 私はテニスが得意です。 ➡1

▶1人称・2人称・3人称の単数・複数に応じて am, are, is を使い分ける。過去形は was, were。

② Our hotel room was very small, and it **was not** very clean. ➡7

私たちのホテルの部屋はとても狭く，あまりきれいではありませんでした。

▶be-動詞の否定文は，〈主語＋be-動詞＋not ...〉の形。

③ *A:* **Is she** from Canada? *B:* Yes, she is. ➡17

A: 彼女はカナダ出身ですか。 *B:* はい，そうです。

▶be-動詞の疑問文は，be-動詞を主語の前に出して作る。

1 次の各文を指示に従って書きかえなさい。

(1) She was tired last night.（We を主語にして）

(2) I am a famous musician.（Takahiro を主語にして）

(3) This picture is for sale.（否定文に）

(4) Tom's house is near the station.（疑問文に）

(5) You were absent from school yesterday.（疑問文に）

B 一般動詞の文（肯定文・否定文・疑問文）

① My sister **plays** the piano very well. 私の姉はピアノがとても上手です。 ➡9

▶主語が3人称・単数で，動詞が現在形の場合は，動詞に -s [-es]をつけることに注意。

② My sister is a soccer fan, but she **does not play** soccer. ➡14

姉はサッカーファンですが，サッカーはしません。

▶一般動詞の否定文は，動詞の前に do [does, did] not を置く。動詞は原形(-s [-es]や -ed がつかない形)になる。

③ *A:* **Does** Tom **write** a blog on the Internet? *B:* No, he doesn't. ➡20

A: トムはインターネットでブログを書いていますか。 *B:* いいえ，書いていません。

▶一般動詞の疑問文は，Do [Does, Did]を主語の前に置く。動詞は原形になる。

2 次の各文を Yes / No 疑問文に書きかえなさい。

(1) Mariko speaks English well.

(2) Kenta watches soccer games every Sunday.

(3) Moe and her brother come to school by bus.

3 次の各文を否定文に書きかえなさい。

(1) I buy lunch at school.

(2) This train stops at Yokohama Station.

(3) Kate takes her dog for a walk every day.

4 次の各文を肯定文に書きかえなさい。

(1) You don't study English hard every day.

(2) Does this bus go to Tokyo Station?

(3) My sister doesn't always wash the dishes.

確認問題 (　　) 内の語句を並べかえ，全文を書きなさい。ただし，不要な語が一語含まれています。

(1) My (is / math / mother / teaches) at high school.

(2) I (don't / English / speak / talks) in front of people.

(3) Kyoto (don't / is / popular / with) foreign tourists now.

(4) Is (in / he / the city / they) near Osaka?

(5) The restaurant (11:00 a.m. / and / at / isn't / opens) closes at 10:00 p.m.

表現しよう 基本パターンを使って，ふだん自由時間に自分がしていることについて英語で表現しましょう。

基本パターン I usually [always]＋一般動詞 ....

+α ペアになって相手に次の質問をし，相手の答えを書きとりましょう。質問には，**表現しよう**で作った英文を使って答えましょう。

Q. What do you usually do in your free time?

相手の答え：

2 いろいろな文②

参 pp. 32-37

A 疑問詞疑問文

① *A:* **Who** telephoned Ann? *B:* Tom did. *A:* だれがアンに電話したのですか。 *B:* トムです。 ➡22

▶主語を尋ねる場合 ⇒ 主語を疑問詞にして文頭に置き，動詞を続ける。

② *A:* **Which cake** do you want? *B:* I want both. ➡24

A: どちらのケーキがほしいのですか。 *B:* 両方です。

▶目的語を尋ねる場合 ⇒ 目的語を疑問詞にして文頭に出し，疑問文の語順を続ける。
〈which＋名詞〉で「どちらの[どの]…」，〈what＋名詞〉で「何の[どんな]…」の意味となる。

③ *A:* **Why** was he late? *B:* He was late because he missed the bus. ➡26

A: 彼はなぜ遅れたのですか。 *B:* バスに乗り遅れて遅れたのです。

▶why(なぜ)，when(いつ)，where(どこ)，how(どのように)で始まる疑問文は，後ろに疑問文の語順を続ける。

1 次の各文を，下線部を尋ねる疑問文に書きかえなさい。

(1) <u>Shun</u> came to the party last night.

(2) Lisa wants <u>a concert ticket</u> for her birthday present.

(3) Chris ordered pizza <u>because she likes Italian food</u>.

(4) You went skiing in Hokkaido <u>in winter vacation</u>.

(5) You want to go <u>to Italy</u> during summer vacation.

B 選択疑問文

① *A:* **Which do you like** better, dogs **or** cats? *B:* I like cats better. ➡28

A: 犬と猫とではどちらのほうが好きですか。 *B:* 猫のほうが好きです。

▶Which do you like better, A or B? と尋ねられたら I like … better. と better をつけて答える。

2 Which do you like better, A or B? の形で，与えられた選択肢を尋ねる疑問文を作りなさい。

(1) 選択肢：red / blue

(2) 選択肢：chocolate / ice cream

(3) 選択肢：Italian food / Japanese food

(4) 選択肢：skiing / swimming

(5) 選択肢：cooking / eating

C 付加疑問文

① *A:* Mary is your classmate, **isn't she**? *B:* Yes, she is. [No, she isn't.] ➡29

A: メアリーはあなたのクラスメートでしょう。 *B:* はい，そうです。[いいえ，違います。]

▶肯定文の場合，isn't she のように，否定の疑問形をつけることで付加疑問文を作る。付加疑問文は，「…でしょう」や「…ですね」と相手に同意を求めたり確認したりするときに用いる。

② *A:* You don't like cheese, **do you**? *B:* No, I don't. [Yes, I do.] ➡30

A: あなたはチーズが好きではないのですね。 *B:* はい，好きではありません。[いいえ，好きです。]

▶否定文の場合，do you のように，肯定の疑問形をつけることで付加疑問文を作る。

3 次の各文を付加疑問文に書きかえなさい。

(1) Emi works at a convenience store.

(2) She didn't finish her homework.

(3) You weren't in time for school.

(4) He was at the meeting today.

確認問題 (　　)内の語を並べかえ，全文を書きなさい。

(1) (do / eat / for / what / you) lunch?

(2) (buy / did / T-shirt / which / you), the blue one or the red one?

(3) (coat / my / took / who) yesterday?

(4) You (didn't / last / sleep / well) night, did you?

(5) (arrive / did / in / she / when) London?

表現しよう 基本パターンを使って，誕生日や趣味など，相手にインタビューしたいことを尋ねる文を書きましょう。

基本パターン 疑問詞(what, when, where など)＋疑問文？

+α ペアになってインタビューをしましょう。また，聞いた内容をまとめましょう。[　]には上記以外に考えた質問項目があれば書き入れましょう。

相手の名前：　　　　誕生日：　　　　趣味：

[　　　　]：　　　　[　　　　]：

3 いろいろな文③

参 pp. 38-41

A 間接疑問文

① I don't know **what** she wants. 私は彼女が何をほしがっているのかわかりません。 ➡31

疑問詞＋主語＋動詞

▶疑問詞疑問文が別の文に組み込まれるときは，「疑問詞＋主語＋動詞」の語順になる。
なお，do you think … など Yes / No で答える疑問文にならない場合，疑問詞が文頭に出る。
例）What do you think she wants?（彼女は何がほしいと思いますか。）

② Do you know **if** Jack passed the exam? あなたはジャックが試験に合格したかどうか知っていますか。 ➡33

if＋主語＋動詞

▶Yes / No 疑問文が別の文に組み込まれるときは，「if [whether]＋主語＋動詞」の語順になる。if [whether]は「…かどうか」という意味。

1 次の各文を（　）内の表現に続けて間接疑問文に書きかえなさい。

(1) Where is Tom from?　(I know …)

(2) Does this bus go to Terminal 1?　(Please ask her …)

(3) When did the Edo period start?　(Do you remember …)

(4) What should I cook for dinner?　(I cannot decide …)

(5) Will it be rainy tomorrow?　(I'm not sure …)

B 命令文・感嘆文

① **Repeat** your name slowly. あなたの名前をゆっくりともう一度言ってください。 ➡34

▶命令文は動詞の原形を文頭に置いて作る。否定形は〈Don't＋動詞の原形〉。Let's ～も命令文の一種である。

② **How** beautiful her voice is! 彼女の声はなんてきれいなのでしょう。 ➡37

▶感嘆文は〈How＋形容詞（＋主語＋動詞）!〉と〈What (a [an])（＋形容詞）＋名詞（＋主語＋動詞）!〉の形で作る。
感嘆文は，very や really などの強調語を伴った平叙文と近い意味を表す。

2 次の各文を命令文に書きかえなさい。

(1) You should finish your homework quickly.

(2) You should be careful about your mistakes.

(3) You shouldn't play games on your smartphone now.

(4) You shouldn't be late for school again.

(5) You shouldn't drive to school.

3 次の各文を感嘆文に書きかえなさい。

(1) This book is very interesting.

(2) Your hairstyle is very nice.

(3) They are a very nice couple.

(4) You had a really great experience.

(5) This is a very tall tower.

確認問題 (　　)内の語句を並べかえ，全文を書きなさい。

(1) (about / me / please / tell) your family.

(2) You must decide (wear / what / will / you) to the party tomorrow.

(3) (at / don't / enter / the schoolyard) night.

(4) (a / actor / what / wonderful) she is!

(5) I don't know (cold / is / it / whether) in winter in Nagano.

(6) Do you know (come / he / when / will) back?

表現しよう 基本パターンを使って，「○○がどこにあるか教えてくれませんか。」と尋ねる文を書きましょう。○○には，知っている観光地名を入れましょう。

基本パターン Could you tell me＋間接疑問？

+α 例にならい，表現しよう で作った英文を用いて，ペアで Question & Answer の練習をしましょう。また，その内容をまとめましょう。

例）Q. Could you tell me where Kiyomizu Temple is?　A. In Kyoto.

相手が行きたい観光地：　　　　観光地のある場所：

4 文の型①

参 pp. 50-53

A 主語と動詞

① Young people use cell phones very often. 若い人たちは携帯電話をとてもよく使う。 ➡42
S(主語) V(動詞)
▶英語では，「…は[が]」という主語が示され，その後に「～する[～である]」という動詞が続く。日本語では主語が省略されることもよくあるが，英語では原則主語を明示する。

1 日本語に合うように，(　　)に適語を補って全文を書きなさい。

(1) 私は昨日学校に行きました。
(　　)(　　) to school yesterday.

(2) 私は電車にかさを置いてきてしまった。
(　　)(　　) my umbrella on the train.

(3) この学校の子どもたちはとても明るい。
The (　　) in this school (　　) very cheerful.

(4) ふだん朝食を食べますか。
Do (　　) usually (　　) breakfast?

B 第1文型(S+V)

① Many people in our town work in the factory. 私たちの町の多くの人々はその工場で働いています。
S ← 形容詞句 V ← 副詞句 ➡46
▶SとVだけで文意が完成するのが第1文型(S+V)。これに，名詞を修飾する形容詞句や動詞を修飾する副詞句などの修飾語がつく。

2 次の各文の適切な箇所に，語群から動詞を選んで補い，全文を書きなさい。
[arrives / sleep / starts / study / went]

(1) Our company at 9:00 every morning.

(2) I to the Italian restaurant for lunch yesterday.

(3) This train at Shin-Osaka at 10:30.

(4) The students in this class always very hard.

(5) Pandas in this zoo usually during the day.

C 第2文型(S+V+C)

① Rose is my pet dog. She is very cute. ローズは私の飼っている犬です。彼女はとてもかわいいです。

(Rose = S, is = V, my pet dog = C; She = S, is = V, very cute = C)

➡47

▶S+V の後に文意を完成させる C(補語)を必要とするのが第2文型(S+V+C)。「S は C である」や「S は C になる」などを表し，S=C の関係になる。C となるのは主に名詞と形容詞である。

3 (　　)内から適当なほうを選び，全文を書きなさい。

(1) I am (play tennis well / a good tennis player).

(2) My daughter became (sick / a cold) yesterday.

(3) Ken looked (sad / sadly).

(4) This beef steak is really (tasty / taste).

確認問題 次の各文の適切な箇所に，語群から動詞を選んで補い，全文を書きなさい。

[became / grow / live / looks / sounds]

(1) Babies very quickly in their first year.

(2) A lot of students of this high school close to school.

(3) This mountain so beautiful.

(4) Eri and I friends at college.

(5) Your story really interesting.

表現しよう 基本パターンを使って，自分の体調や気分を伝える文を書きましょう。

基本パターン　I feel + 体調・気分.

* 体調・気分：happy, good, tired, sleepy, hungry, sick, sad など

+α 例にならい，表現しよう で作った英文を用いて，ペアで Question & Answer の練習をしましょう。また，下の英文を完成させましょう。

例) Q. How do you feel?　A. I feel tired.

My partner feels ____________.

5 文の型②

参 pp. 54-57

A 第3文型(S+V+O)

① **We play soccer** from Monday to Saturday. 私たちは月曜日から土曜日までサッカーをします。 ➡50
S V O

② **My sister practices tennis** every Sunday. 妹は毎週日曜日にテニスの練習をします。 ➡51
S V O

▶S+Vの後にVの動作の対象となるO(目的語)を必要とするのが第3文型(S+V+O)。「SはOをVする」を表す。Oとなるのは主に名詞と代名詞である。「V+O」は結びつきが強いので，ふつう離さない。

1 次の各文は日本語と同じ語順で並べたものである。これらをS+V+Oの順に並べかえて全文を書きなさい。

(1) I some pictures of Osaka Castle took.
私は 大阪城の写真を何枚か 撮りました

(2) Sara from the library some books borrowed.
サラは 図書館から 本を何冊か 借りました

(3) My mother yesterday a cold caught.
私の母は 昨日 風邪を ひきました

(4) My grandmother in her garden vegetables and flowers grows.
私の祖母は 庭で 野菜と花を 育てています

(5) I on the math test a lot of mistakes made.
私は 数学のテストで たくさんの間違いを しました

B 第4文型(S+V+O_1+O_2)

① **Our coach gives us good advice.** コーチは私たちによいアドバイスをしてくれます。 ➡53
S V O_1 O_2

▶S+Vの後にO_1(人に)+O_2(物を)という2つの目的語が続くのが第4文型(S+V+O_1+O_2)。「SはO_1にO_2をVする」を表す。O_1は間接目的語，O_2は直接目的語と呼ばれる。
第4文型をとる主な動詞：give, lend, send, show, teach, tell, buy, make, get, find, cookなど

2 次の各文をS+V+O_1+O_2の文に書きかえ，日本語に直しなさい。

(1) Satoshi lent his bicycle to Joe.

訳

(2) Moe cooked dinner for me.

訳

(3) I sent a birthday present to my cousin in Tokyo.

....

訳 ....

(4) My father bought an English dictionary for me.

....

訳 ....

(5) You brought some food for us.

....

訳 ....

確認問題 日本語に合うように(　　)内の語句を並べかえ，全文を書きなさい。また，第3文型か第4文型かを答えなさい。

(1) 彼女は私の誕生日に花をくれました。
She (flowers / for / gave / me) my birthday.　第____文型

....

(2) お父さんが今朝，朝食を用意してくれた。
(breakfast / for / me / my father / prepared) this morning.　第____文型

....

(3) 塩を取ってくださいませんか。
(could / me / pass / the salt / you), please?　第____文型

....

(4) 荻野先生は私の子どもたちに数学を教えている。
(mathematics / Mr. Ogino / my children / teaches).　第____文型

....

(5) 先月，祖父母がいちごを一箱送ってくれた。
My grandparents (a box of / me / sent / strawberries / to) last month.　第____文型

....

表現しよう 例にならい，家族や友だちにしてあげたことについて，基本パターンを使って英語で表現しましょう。

基本パターン I＋過去形＋O_1＋O_2.

例) I sent my brother a nice sweater.（私は兄にすてきなセーターを送ってあげました。）

....

+α ペアになって相手に次の質問をし，相手の答えを書きとりましょう。質問には，**表現しよう** で作った英文を使って答えましょう。

Q. What did you do for your family and friends?

相手の答え：..

6 文の型③

参 pp. 58-61

A 第5文型(S+V+O+C)

① I found the movie very exciting. その映画は見てみると，とてもわくわくするものだった。 ➡58

S V O C

▶S+V+O の後に C が必要となるのが第5文型(S+V+O+C)。「S は O を C にする」や「S は O が C だとわかる」などを表し，O=C の関係になる。

第5文型をとる主な動詞：make, keep, leave, paint, call, name, consider, find など

1 次の各文は日本語と同じ語順で並べたものである。これらを S+V+O+C の順に並べかえて全文を書きなさい。

(1) Who that door open left?
だれが あのドアを 開けた ままにしたのですか

(2) I the book very interesting found.
私は その本を とてもおもしろいと 思った

(3) The couple the baby Sana named.
その夫婦は その赤ちゃんを サナと 名づけた

(4) Shinya always his desk clean keeps.
シンヤは いつも 彼の机を 清潔に 保っている

(5) We the story true consider.
私たちは その話を 真実だと 思っている

B 「存在」を表す文

① **There is** a river near my house. 私の家の近くには川があります。 ➡59

▶〈There is [are] …＋場所を表す語句〉で「～には…がある」という存在を表す。

「何がある[いる]か」ではなく，「どこにある[いる]か」と場所を伝えたいときは〈S+is [are]＋場所を表す語句〉で表す。

2 次の各文を，There is [are] … の文に書きかえ，完成した英文を日本語に直しなさい。

(1) A book is on the desk.

訳

(2) A lot of people were at the station.

訳

(3) Pictures of musicians were on the wall.

訳

(4) Some students are in the schoolyard.

訳

(5) Something is wrong with this machine.

訳

確認問題 日本語に合うように，次の各文の適切な箇所に一語補い，全文を書きなさい。

(1) その部屋にはだれもいないことがわかった。
I the room empty.

(2) 私たちは最初の子どもをビルと名づけた。
We our first child Bill.

(3) ダニエルは電話で私をひどく怒らせた。
Daniel me so angry on the phone.

(4) その新しい冷蔵庫は野菜をとても新鮮に保つね。
The new refrigerator vegetables so fresh.

(5) ４階には日本食レストランがあるよ。
There is a Japanese restaurant the fourth floor.

(6) この部屋には大きなベッドを置くスペースはないね。
There any space for a large bed in this room.

表現しよう 例にならい，自分がしたことについて基本パターンを使って英語で表現しましょう。

基本パターン I＋過去形＋O＋C.

例）I painted the chair blue.（私はいすを青色に塗りました。）

+α ペアになって相手に次の質問をし，相手の答えを聞いて下の表を完成させましょう。質問には，**表現しよう**で作った英文を使って答えましょう。

Q. What did you do?

相手の答え	
	訳

7 時制①（現在）

参 pp. 74-75

A 現在時制

① They **jog** in the park every morning. 彼らは毎朝公園でジョギングをする。 ➡72

▶現在時制は，現在を中心とした過去から未来にわたる状態や，習慣的動作，不変の真理を表す。always，often，every day，every night などといった頻度を表す副詞と共に用いることが多い。

現在を中心とした過去・未来にわたる状態，習慣的動作，不変の真理

過去　現在　未来

1 語群から（　）に適語を選んで補い，現在形の英文を完成させて全文を書きなさい。必要であれば動詞の形を変えること。

[cook / drive / help / make / turn]

(1) My mother always (　　) me with my homework.

(2) The leaves of the trees here (　　) red and yellow in fall.

(3) My homeroom teacher (　　) to school every day.

(4) I sometimes (　　) dinner by myself.

(5) Don't (　　) a joke in this situation.

B 現在進行形

① **I'm swimming** at a beach in Okinawa now. 私は今，沖縄の海岸で泳いでいるところです。 ➡73

▶現在進行形(am [are, is]＋～ing)は，ある動作や出来事が進行中であったり，途中の状態であったりすることを表す。now(今)，at present(現在のところ)などといった副詞と共に用いることが多い。

進行中の動作・出来事

過去　現在　未来

2 次の各文を現在進行形の文に書きかえ，完成した英文を日本語に直しなさい。

(1) I look for my glasses now.

訳

(2) My son stands in front of the station.

訳

(3) My dog runs around in the park.

訳

(4) Does Ken read a newspaper at his desk?

訳

(5) Where do you go now?

訳

確認問題 日本語に合うように，下線部を補って全文を書きなさい。ただし，下線部に入る語は一語とはかぎりません。

(1) あなたは毎朝クラシック音楽を聴いているのね。

You ________ classical music every morning.

(2) 彼は今，庭で作業中です。

He ________ in the garden now.

(3) 地球は太陽のまわりを回っている。

The earth ________ around the sun.

(4) 私は海外に住む友だちにＥメールを書いているところです。

I ________ an email to a friend in a foreign country.

(5) 赤ちゃんは今ベッドで横になっています。

My baby ________ on the bed now.

表現しよう 自分が何かしている最中に話しかけられたことを想定して，基本パターンを使って現在進行形の文を作りましょう。

基本パターン I am ~ing now.

+α ペアになって相手に次の質問をし，相手の答えを書きとりましょう。質問には，表現しよう で作った英文を使って答えましょう。

Q. What are you doing now?

相手の答え：

8 時制②（過去）

参 pp. 76-77

A 過去時制

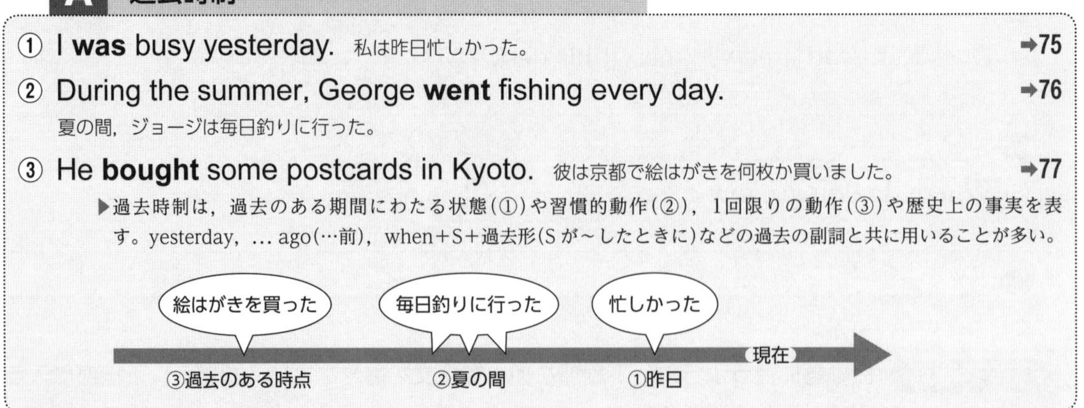

① I **was** busy yesterday. 私は昨日忙しかった。 ➡75

② During the summer, George **went** fishing every day. ➡76
夏の間，ジョージは毎日釣りに行った。

③ He **bought** some postcards in Kyoto. 彼は京都で絵はがきを何枚か買いました。 ➡77

▶過去時制は，過去のある期間にわたる状態（①）や習慣的動作（②），1回限りの動作（③）や歴史上の事実を表す。yesterday，... ago（…前），when＋S＋過去形（S が～したときに）などの過去の副詞と共に用いることが多い。

1 語群から（　　）に適語を選んで補い，過去形の英文を完成させて全文を書きなさい。必要であれば動詞の形を変えること。

[blow / climb / discover / have / rain / stay / take]

(1) Andy (　　　) a bad cold, so he (　　　) some medicine.

(2) When I was five years old, I (　　　) a mountain with my father.

(3) Mariko (　　　) in Paris during her vacation.

(4) The wind (　　　) so strong and it (　　　) heavily last night.

(5) In 1492, Christopher Columbus (　　　) America.

B 過去進行形

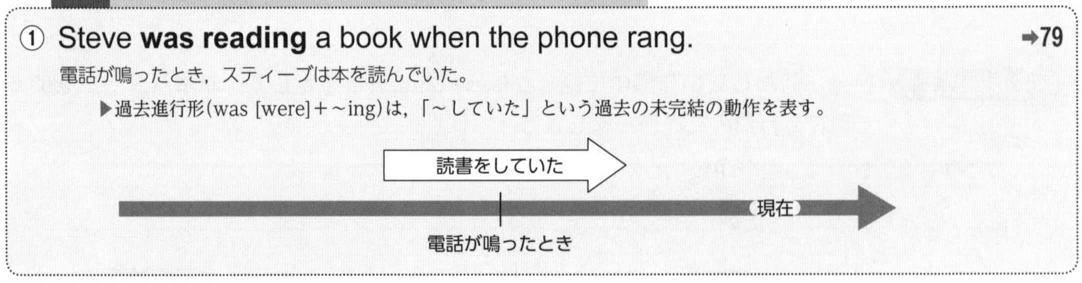

① Steve **was reading** a book when the phone rang. ➡79
電話が鳴ったとき，スティーブは本を読んでいた。

▶過去進行形（was [were]＋～ing）は，「～していた」という過去の未完結の動作を表す。

2 （　　）内の動詞を過去進行形にして全文を書き，完成した英文を日本語に直しなさい。

(1) When you (take) a bath, what happened?

訳

(2) Lucy (practice) the piano when her mother came home.

訳

(3) It (rain) heavily outside while I was at home yesterday.

訳

(4) Some children (run) around the park.

訳

(5) The man (carry) three suitcases to the hotel.

訳

確認問題 日本語に合うように，下線部を補って全文を書きなさい。ただし，下線部に入る語は一語とはかぎりません。

(1) オーストラリアにいたとき，たくさんの映画スターに会いました。
When I was in Australia, I ________ a lot of movie stars.

(2) 私は子どものころ，よく母親と買い物に出かけた。
When I was a child, I often ________ shopping with my mother.

(3) 先生がその部屋に入ったとき，生徒たちは勉強していた。
When the teacher entered the room, the students ________.

(4) 私たちは去年の夏，京都に旅行に行った。
We ________ to Kyoto last summer.

(5) お父さんはそのとき居間でテレビを見ていました。
My father ________ TV in the living room then.

表現しよう 基本パターンを使って，あなたが昨日したことについて英語で表現しましょう。

基本パターン I＋過去形 ... yesterday.

+α ペアになって相手に次の質問をし，相手の答えを書きとりましょう。質問には，**表現しよう**で作った英文を使って答えましょう。

Q. What did you do yesterday?

相手の答え：

9 時制③（未来）

参 pp. 78-80

A will＋動詞の原形

① It **will** be rainy and windy in the afternoon. 午後は雨で風が強くなるでしょう。 ➡80

② **I'll** lend you my new CD tomorrow. 明日私の新しいCDを貸してあげましょう。 ➡81

▶〈will＋動詞の原形〉は，主語の意志にかかわりなく起こる未来のことがら（①）や主語の意志による未来のことがら（②）を表す。

1 語群から____に適語を選んで補い，全文を書きなさい。ただし，文脈に合うように will か won't を加えること。

[eat / send / turn / wash]

(1) I ________ the cups, so you can dry them.

(2) It's getting cold. The rain ________ to snow soon.

(3) The cat is sick. She ________ any food.

(4) Mike ________ you all of his homework by email on Friday.

B be going to＋動詞の原形

① We **are going to** climb the mountain because the weather is fine today. ➡83
今日は天気がいいので，私たちはその山に登るつもりです。

▶be going to ～も未来のことがらを表し，「～しそうだ」という話者の主観的判断や，決定済みの意志や計画を表す。

2 日本語に合うように（　）内の語句を並べかえ，全文を書きなさい。ただし，必要な語が一語抜けているので，それを補うこと。

(1) 私たちは明日，福岡を出発する予定です。
(Fukuoka / going / leave / to / we) tomorrow.

(2) 私は今日ピアノを練習する予定はありません。
(going / I'm / not / practice / the piano) today.

(3) オーストラリアにどれくらい滞在する予定ですか。
(are / going / how / to / you) stay in Australia?

(4) コンサートは何時に始まりますか。
What (going / is / start / the concert / to)?

C 未来を表す現在形・現在進行形

① The lunar eclipse **starts** at 7:30 p.m. this Friday. ➡84
月食は今週金曜日の午後7時半に始まります。
▶発着時刻や開始時間など確定的な未来の予定について述べる場合は，現在形で未来を表すことができる。

② My aunt **is coming** to my house this Friday. ➡85
私のおばが今週金曜日にうちに来ることになっています。
▶近い未来の予定，またはすでにその準備に入っている場合は，現在進行形で未来を表すことができる。

3 日本語に合うように，(　　)に適語を補って全文を書きなさい。

(1) そのバスは10時に札幌に到着します。
The bus (　　) at Sapporo (　　) 10 o'clock.

(2) 私は木曜日に東京から名古屋まで飛行機で行きます。
I'm (　　) from Tokyo to Nagoya by plane (　　) Thursday.

(3) 来学期は9月1日に始まります。
The next term (　　) on (　　) 1st.

(4) 私たちは来年の夏にシンガポールを訪れます。
We (　　) (　　) Singapore next summer.

確認問題 次の各文を指示に従って書きかえなさい。

(1) The parcel arrives at Paris tomorrow. (be going to を使って疑問文に)

(2) I am here tomorrow. (will を使って否定文に)

(3) Where Lucy meets Charlie on Sunday. (現在進行形を使って疑問文に)

表現しよう 基本パターンを使って，あなたの来週の予定について英語で表現しましょう。

基本パターン I'm going to ~ on 曜日 next week.

+α ペアになって相手に次の質問をし，相手の予定を書きとりましょう。質問には，**表現しよう** で作った英文を使って答えましょう。
Q. What are you going to do next week?
相手の予定：

10 時制④（現在完了）

参 pp. 81-84

A 完了・結果

① Our friends **have** just **arrived**. 私たちの友だちがちょうど着いたところです。 ➡87

▶現在完了形(have [has]＋過去分詞)が完了・結果(～したところだ，～してしまった)の意味になるのは，just(ついさっき)，already(もう)，yet(もう，まだ)などの副詞を伴うことが多い。

1 日本語に合うように，(　　)内の語句を現在完了形にして全文を書きなさい。

(1) 私はちょうどコーヒーをいれたところです。 I (just make) coffee.

(2) ジムはまだ教科書をまったく購入していない。 Jim (not buy) any textbooks yet.

(3) もう宿題を終えましたか。 (Do you finish) your homework yet?

(4) ちょうど雨がやんだところです。 The rain (just stop).

(5) 飛行機はすでに離陸しましたよ。 The plane (already take) off.

B 経験

① **Have** you ever **been** to Disneyland? ディズニーランドへ行ったことがありますか。 ➡89

▶現在完了形が経験(～したことがある[ない])の意味になるのは，ever(かつて)，never(一度も…ない)，before(以前に)，once(一度)，twice(二度)，three times(三度)，often(しばしば)などの頻度を表す副詞を伴うことが多い。

2 日本語に合うように，(　　)に適語を補って全文を書きなさい。

(1) ユイコはパリに２回行ったことがあります。
Yuiko (　　　) (　　　) to Paris (　　　).

(2) 私はこれまでに馬に乗ったことはありません。
I (　　　) (　　　) (　　　) on a horse before.

(3) ケンは沖縄に行ったことはありますか。
(　　　) Ken ever (　　　) to Okinawa?

(4) 私とトムは以前にボストンに住んでいたことがあります。
Tom and I (　　　) (　　　) in Boston (　　　).

(5) あなたはこれまでにその歌を聞いたことがありますか。
(　　　) you (　　　) (　　　) that song?

C 継続

① Takeshi and I **have been** friends since we met at the party last year. ➡91

タケシと私は去年そのパーティーで会って以来の友だちです。

▶現在完了形が継続(ずっと…だ)の意味になるのは，for ...(…の間)，since ...(…以来)，How long ...?(いつから…か)などの語句を伴うことが多い。

② The computer **has been making** strange sounds since yesterday. ➡93

そのコンピュータは昨日から変な音がします。

▶現在完了進行形(have [has] been ~ing)で「ずっと~している」という動作の継続を表すことができる。

3 (　　)内の動詞を現在完了形または現在完了進行形にして全文を書きなさい。

(1) I (not enjoy) my job recently. (現在完了形に)

(2) Nana (be) sick in bed since this morning. (現在完了形に)

(3) I (work) for this company for fifteen years. (現在完了進行形に)

(4) How long you (wait)? (現在完了進行形に)

確認問題 例にならい，次の各文の内容を，for または since を使って指示に従って書きかえなさい。

例) Mika started making a pancake at 7:00 and now it's 8:00. (for / 現在完了進行形に)
⇒ Mika has been making a pancake for an hour.

(1) My sister started jogging along the river an hour ago. (for / 現在完了進行形に)

(2) We started to live in Tokyo last summer. (since / 現在完了形に)

(3) It started to snow yesterday and it is still snowing. (since / 現在完了進行形に)

(4) We were married three years ago. (for / 現在完了形に)

表現しよう 基本パターンを使って，自分が今住んでいる場所について英語で書きましょう。

基本パターン I have lived in ... since [for] ~.

+α ペアになって相手に次の質問をし，相手の答えを書きとりましょう。質問には，**表現しよう** で作った英文を使って答えましょう。

Q. Where do you live and how long have you been there?

相手の答え：

11 時制⑤（過去完了・未来完了）

参 pp. 85-86, 94-95

A 過去完了形の基本的用法

① I **had** never **flown** in a plane before I visited London last year. ➡96

私は昨年ロンドンを訪れる以前は，飛行機に乗ったことはありませんでした。

▶過去完了形(had＋過去分詞)は，過去のある時点までの完了・結果，経験，継続を表す。基準となる過去の時点を示すために過去の副詞が続くことが多い。

ロンドンを訪れたとき
(昨年)

飛行機に乗ったことがなかった

(基準となる過去のある時点より前に生じた状態や動作)

1 次の各文を過去完了形の文に書きかえ，(　　)内の過去の副詞を続けなさい。

(1) I have just finished dinner. (+ when my mother came home)

(2) The train hasn't come yet. (+ when we arrived at the station)

(3) I have never lived abroad. (+ before I went to London to study)

(4) Lucy has never been to an art museum. (+before she went to the Louvre)

B 過去時制と過去完了形

B(過去時制)　A(過去完了形)

① He **gave** her a pendant which he **had bought** in Paris. ➡99

彼は彼女に，パリで買ったペンダントをあげた。

▶過去のことがらが「A(買った)⇒B(それをあげた)」の順序で生じ，その順序どおりに表現する場合は「A(過去時制)⇒B(過去時制)」で表す。①のように逆の順序で述べる場合は，「B(過去時制)⇒A(過去完了形)」で表す。

2 ことがらの順序に注意して，(　　)内から適当なほうを選び，全文を書きなさい。また，完成した英文を日本語に直しなさい。

(1) I returned the book which I (borrowed / had borrowed) a week ago.

訳

(2) My father (sold / had sold) a watch which he had bought in Hawaii.

訳

(3) Satoshi (didn't play / hadn't played) golf on Saturday because he had hurt his leg.

訳

(4) I didn't recognize Sana because she (grew / had grown) her hair very long.

訳

C 未来進行形・未来完了形

① Don't call me between 7:00 and 8:00. **I'll be doing** my homework then. ➡114

7時から8時までは電話をしないでくれ。そのころは宿題をやっているだろうから。

▶未来進行形(will be ~ing)は，「~しているでしょう」という未来のある時点で進行中の動作を表す。

② Next spring, Mr. Tanaka **will have taught** at this school for 40 years. ➡117

来春で，田中先生はこの学校で40年間教壇に立ったことになります。

▶未来完了形(will have＋過去分詞)は，未来のある時までの完了・結果，経験，継続を表す。

3 (　　) 内の動詞を未来完了形または未来進行形にして全文を書きなさい。

(1) I (finish) the report by Monday. (未来完了形に)

(2) Ms. Rowling (write) 12 books a year from now. (未来完了形に)

(3) I (drive) to the airport this time tomorrow. (未来進行形に)

確認問題 (　　) 内の動詞を未来進行形／未来完了形／過去完了形のうち適切な形にして全文を書きなさい。

(1) My grandfather gave me the fountain pen which he (buy) many years ago.

(2) Andy (never see) a temple before he came to Japan.

(3) Do you think the magazine (arrive) by tomorrow?

(4) I couldn't find the book that I (borrow) from Christine before.

(5) The rain (stop) by tomorrow morning.

表現しよう 基本パターンを使って，過去に初めて体験したことについて英語で表現しましょう。

基本パターン I had never＋過去分詞＋before＋主語＋過去形 .

+α ペアになって，**表現しよう** で作った英文を発表しましょう。また，相手の発表を書きとりましょう。

My partner had never ________________.

12 助動詞①

参 pp. 100-105

A can

① **Can** you teach me how to cook fried noodles? ➡119

焼きそばの作り方を教えてくれませんか。

▶can の基本的な意味は,「～することができる」(能力),「～してもよい」(許可),「～しうる」(可能性)。否定形は cannot [can't]で,「～できない」(能力)や「～のはずがない」(可能性)を表す。①のように疑問文 Can you ～? では「～してくれませんか」という依頼を表す。

1 次の各文を,( )内の語を主語にして,疑問文に書きかえなさい。

(1) I can play the piano. (you)

(2) Mike can have another cup of coffee. (I)

(3) She can tell me the way to the station. (you)

(4) My mother can drive me to school. (she)

(5) They can live in winter. (beetles)

(6) Jane can ask you a question. (I)

B may

① *A:* Where is Sally? *B:* She **may** be in the gym. ➡122

A: サリーはどこかしら。 *B:* 体育館かもしれません。

▶may の基本的な意味は,「～してもよい」(許可),「～かもしれない」(推量)。①のように使われる場合,話し手の確信度は半々である。過去形 might は,「ひょっとすると～かもしれない」という確信度の低い推量を表す。

2 下線部を,may を用いて書きかえなさい。必要であれば動詞の形を変えること。

(1) Mr. Yasui <u>is</u> in the schoolyard now.

(2) The traffic is heavy, so I <u>am</u> late for the party.

(3) The news <u>is not</u> true, but I believe it.

(4) Dark clouds are gathering, so it <u>rains</u> soon.

(5) Students <u>think</u> that this test is too difficult.

C must

① You **must** wash your hands before you cook. ➜123

料理をする前に手を洗わなければいけません。

▶must の基本的な意味は，「～しなければならない」(命令・義務・必要)。have [has] to ～も「～しなければならない」を表す。
否定形は must not [mustn't]で，「～してはならない」(禁止)を表す。must には「～にちがいない」(強い肯定の推量)の意味もある。

3 日本語に合うように，(　　)に適語を補って全文を書きなさい。

(1) I (　　　) (　　　) my homework, so I can't go shopping.
[宿題をしなければならない]

(2) You (　　　) (　　　) to class on time.
[授業に来なければならない]

(3) Our students (　　　) (　　　) out in the night during the school trip.
[外出してはいけない]

(4) Chomsky (　　　) (　　　) about 90 years old now.
[90歳くらいにちがいない]

確認問題 日本語に合うように，can，may，must のいずれかの助動詞を用いて英文を完成させ，全文を書きなさい。

(1) Children [話してはいけない] to strangers.

(2) Our daughter is only ten months, but she [すでに歩くことができる].

(3) Akira [受からないかもしれない] the driving test.

(4) You […でなければならない] careful when you cross the street.

表現しよう 基本パターンを使って，買い物に行けない理由を考え，会話を完成させましょう。

基本パターン I must＋動詞の原形 ....

A: Do you want to go shopping?　*B:* ________, so I can't go shopping.

+α ペアになって，**表現しよう**の対話を練習し，相手の答えを書きとりましょう。

My partner ________________, so he [she] can't go shopping.

13 助動詞②

参 pp. 106-109

A will と would

① It is already 8:25. I think he **will** be late. ➡126
もう8時25分です。彼は遅れるだろうと私は思います。
▶9課の未来の表現(⇒p.18)で扱ったように，現在から見た未来については will を用いる。否定形 won't で「どうしても～しようとしない」という主語の強い拒絶を表すことがある。

② Everybody said she **would** pass the exam. ➡127
彼女は試験に合格するだろうとだれもが言った。
▶過去のある時点(ここでは everybody said の時点)から見た未来については would を用いる。

③ When we were children, we **would** often play on this beach. ➡129
子どものころ，私たちはよくこの浜辺で遊んだものだ。
▶would は「(なつかしむ気持ちを表して)かつては～したものだ」という過去の習慣を表す。

1 日本語に合うように，(　　)に will，won't，would のいずれかを補って全文を書きなさい。

(1) 私のパソコンがどうしても起動しません。 My computer (　　) start at all.

(2) 彼がパーティーに来ることは知っていました。 I knew he (　　) come to the party.

(3) 私が子どものころ，祖母はよく動物園に連れて行ってくれました。
When I was a child, my grandmother (　　) often take me to the zoo.

(4) まもなく雨が降ると思います。 I think it (　　) be rainy soon.

B used to

① My father **used to** walk to his office, but now he takes the bus. ➡130
父はかつては歩いて会社へ行っていましたが，今ではバスを利用しています。
▶used to も would と同じように過去の習慣を表す。「(今は～しないが)かつては～した」という現在との対比に焦点がある。used to は過去の状態を表すこともできるため，be-動詞や状態動詞を伴うことができるが，would にはこのような用法はなく，動作動詞を伴うのがふつう。

2 例にならい，〈used to〉と〈but now＋現在形〉を用いて，昔と今を対比した文にしなさい。

例) Jun / 昔：play tennis / 今：play golf
⇒ Jun used to play tennis, but now he plays golf.

(1) We / 昔：go to the movie theater / 今：watch TV

(2) Joe / 昔：study math / 今：study physics

(3) People / 昔：travel by horse / 今：travel by plane

(4) Masato / 昔：live in Osaka / 今：live in Tokyo

C should [ought to] と had better

① You have a slight fever. You **should [ought to]** stay home today. ➡132
少し熱があるわ。今日は家にいなさい。
▶should と ought to は基本的には同じ意味で「(当然)～するべきだ」という助言や勧告を表す。また，「(当然)～するはずだ」という推量の意味も表す。否定形は should not [shouldn't]，ought not to。

② It's cold. You **had better** wear a coat. 冷えるので，コートを着たほうがいい。 ➡133
▶had better は「～するべきだ，～するのがよい」を表すが，忠告を表す強い表現である。基本的に，社会的に上の立場の人には用いない。否定形は had better not となる。not の位置に注意。

3 語群の動詞を用いて，日本語に合うように英文を完成させて，全文を書きなさい。助言には should [ought to] を，忠告には had better をそれぞれ用いること。

[call / park / see / take]

(1) You [助言 駐車してはいけません] your car here.

(2) If you feel sick, you [忠告 診てもらったほうがよい] the doctor.

(3) Nancy [助言 世話をするべきだ] of her dog.

(4) You [忠告 電話したほうがよい] the police because we cannot find your bicycle.

確認問題 (　) 内の語句を並べかえ，全文を書きなさい。

(1) When I was a child, I (live / near / to / used) here.

(2) The old bridge (hold / of / the weight / won't) a truck.

(3) He said that (an English exam / have / we / would) on July 1st.

(4) We (better / had / leave / now), or we'll miss the bus.

表現しよう 基本パターンを使って，あなた自身の昔と今の習慣の違いを英語で表現しましょう。

基本パターン I used to ～ , but now I＋現在形 .

+α ペアになって，表現しよう で作った英文を発表しましょう。また，相手の発表を書きとりましょう。

My partner ________________.

14 助動詞③

参 pp. 110-113

A Will you ～? / Shall I ～? / Shall we ～?

① **Will you** give me some cold medicine, please? 風邪薬をくれませんか。 ➡135

▶Will you ～? は「～してくれませんか」という依頼を表す。Would you ～? はよりていねいな表現である。

② **Shall I** take you to the hospital? 病院へ連れて行ってあげましょうか。 ➡137

▶Shall I ～? は「～しましょうか」という申し出を表す。

③ **Shall we** go out tonight? 今夜は外出しませんか。 ➡138

▶Shall we ～? は「(一緒に) ～しませんか，～しましょうよ」という提案を表す。提案を受け入れる場合，Yes, let's. / OK. / All right. などと答え，断る場合は No, let's not. / I'm sorry but … などと答える。

1 次の各表現を指示に従って書きかえなさい。

(1) lock the door (Shall I を使って申し出を表す文に)

(2) close the window (Will you を使って依頼を表す文に)

(3) go out for lunch (Shall we を使って提案を表す文に)

(4) get your coat (Shall I を使って申し出を表す文に)

B may [must, cannot] have＋過去分詞

① *A:* Did they win the game? *B:* I'm not sure. They **may have won**. ➡139

A: 彼らは試合に勝ちましたか。 *B:* よくわかりません。勝ったかもしれません。

② *A:* Did Tom hear the news?

B: Yes, he **must have heard** it. [No, he **can't have heard** it.] ➡140

A: トムはその知らせを聞きましたか。 *B:* ええ，聞いたにちがいありません。[いいえ，聞いたはずがありません。]

▶推量を表す may (～かもしれない)，must (～にちがいない)，cannot (～のはずがない) が〈have＋過去分詞〉を伴うと，過去のことがらについての推量を表し，それぞれ「～したかもしれない」「～したにちがいない」「～したはずがない」という意味を表す。

2 次の各文を指示に従って書きかえなさい。

(1) I lost my keys. (「～したかもしれない」を表す文に)

(2) Mr. Murata left his umbrella on the train. (「～したにちがいない」を表す文に)

(3) Natsuko made mistakes in English. (「～したはずがない」を表す文に)

(4) The children next door broke the windows. (「～したにちがいない」を表す文に)

C should [ought to, need not] have＋過去分詞

① The movie was great. You **should [ought to] have come** with us. ➡141

その映画はすごかった。きみも一緒に来るべきだったのに。

▶should [ought to]（～すべき）が〈have＋過去分詞〉を伴うと，「～すべきだったのに」という意味を表す。否定形は〈shouldn't [oughtn't to] have＋過去分詞〉で「～すべきではなかったのに」の意味になる。

② You **need not have watered** the flowers. It's raining. ➡142

花に水をやる必要はなかったね。雨が降っているよ。

▶need not（～する必要はない）が〈have＋過去分詞〉を伴うと，「～する必要はなかったのに」という意味を表す。

3 次の各文を指示に従って書きかえなさい。

(1) You locked the door. （「～すべきだったのに」を表す文に）

(2) I came here earlier. （「～すべきだったのに」を表す文に）

(3) Nancy bought a Spanish dictionary. （「～する必要はなかったのに」を表す文に）

(4) My father prepared so much food. （「～する必要はなかったのに」を表す文に）

確認問題 語群の動詞を用いて，日本語に合うように英文を完成させて，全文を書きなさい。

[buy / go / live / put / visit]

(1) I［訪れるべきだったのに］Tsukiji Fish Market while I was in Tokyo.

(2) Naoko［行ったはずがない］to England because I saw her this morning.

(3) This soup is too spicy. You［入れたにちがいない］too much chili into it.

(4) Wolves［生きていたかもしれない］in Japan until the beginning of the 20th century.

(5)［買いませんか］a large bed for our son's birthday present?

表現しよう 基本パターンを使って，中学生のときにやっておけばよかったと思うことを英語で表現しましょう。

基本パターン I should have＋過去分詞＋when I was a junior high school student.

+α ペアになって，**表現しよう** で作った英文を発表しましょう。また，相手の発表を書きとりましょう。

My partner ＿＿＿＿＿＿＿＿, when he [she] was a junior high school student.

15 受動態①

参 pp. 124-126

A 受動態の基本形

① Soccer **is loved** by many people around the world. ➡151

サッカーは世界中の多くの人たちに愛されています。

能動態〉 Many people around the world love soccer.

動作主　目的語

ある動作

A 動作主 → B 目的語

A を主体にする場合は能動態で，B を主体にする場合は受動態にする。

▶受動態は，能動態の目的語を主語として be-動詞＋過去分詞で表す。by ... をつけるのは「～する側」(動作主)が重要な情報の場合である。

1 下線部を主語にして，〈be-動詞＋過去分詞＋by ...〉の形の受動態の文に書きかえなさい。

(1) J.K. Rowling wrote <u>"Harry Potter."</u>

(2) Our English teacher always praises <u>Yui</u> during the class.

(3) Mr. Ando invented <u>instant noodles</u> in 1958.

(4) An Italian company produces <u>these tables and chairs</u>.

B by ... のない受動態

① His work **was finished** before five o'clock. 彼の仕事は5時前に終えられた。 ➡152

② A new ballpark **was built** in Hiroshima. 新しい野球場が広島に造られました。 ➡153

▶受動態は動作を受ける側に焦点が当てられているので，動作主(by ...)は表されないことが多い。とくに，「一般の人々」や，動作主がわかりきっている場合(①)と動作主がわからない場合(②)には by ... をつけない。

2 日本語に合うように，英文を完成させて全文を書きなさい。

(1) Chinese [話されている] in Singapore.

(2) Unique animals and plants [見られる] in Australia.

(3) The concert [中止された] because of the typhoon.

(4) This book [翻訳されている] into 30 languages.

C 受動態の否定文と疑問文

① Mail **is not delivered** on Sunday. 郵便物は日曜日には配達されません。 ➡154

② **Are** the streets **cleaned** every day? 通りは毎日掃除されるのですか。 ➡155

▶受動態の否定文は，〈be-動詞＋not＋過去分詞〉の形で表す。疑問文は，be-動詞を文頭に出して〈Be-動詞＋主語＋過去分詞 ...?〉で表す。また，疑問詞を伴う疑問文は〈疑問詞＋be-動詞＋主語＋過去分詞 ...?〉で表す。

3 次の各文を指示に従って書きかえなさい。

(1) Sushi is enjoyed all over the world. (疑問文に)

(2) I was invited to the party last night. (否定文に)

(3) The meeting was held on October 1st. (下線部を尋ねる疑問文に)

(4) These vegetables are kept in the fridge. (下線部を尋ねる疑問文に)

(5) 500 million yen was spent on the movie.
(how much money で下線部を尋ねる疑問文に)

確認問題 日本語に合うように，下線部を補って全文を書きなさい。ただし，下線部に入る語は一語とはかぎりません。

(1) フランス語は，カナダでたくさんの人々に話されていますか。
________ by many people in Canada?

(2) このグラスはイタリア製です。
This glass ________ Italy.

(3) 目を離したすきに，お金がすべて盗まれました。
All the money ________ when I wasn't looking.

(4) これらの古いピアノはプロの手によって修理された。
These old pianos ________ professionals.

(5) その赤ちゃんはいつ生まれましたか。
________ the baby born?

表現しよう 歴史的な建物がいつ建てられたかを調べ，基本パターンを使って表現しましょう。

基本パターン 歴史的な建物＋was [were] built in ... [... ago].

+α ペアになって，自分の調べた歴史的な建物がいつ建てられたか発表しましょう。また，相手の発表を書きとりましょう。

16 受動態②

参 pp. 127-131

A S+V+O_1+O_2の受動態

① Jim **was lent** a new computer by the school. →157
ジムは学校から新しいコンピュータを貸してもらった。

② A new computer **was lent** (to) Jim by the school. →158
新しいコンピュータが学校からジムに貸し与えられた。

能動態 The school lent Jim a new computer.
S V O_1 O_2

▶①は間接目的語である O_1 を主語にした形。
▶②は直接目的語である O_2 を主語にした形。O_1 には to をつけるのがふつう。

1 次の能動態の各文を，指示に従って２種類の受動態の文に書きかえなさい。

(1) Our English teacher teaches us American culture.
A) us を主語にして

B) American culture を主語にして

(2) My grandparents sent me a birthday present.
A) me を主語にして

B) a birthday present を主語にして

(3) The captain showed us a map of Everest.
A) us を主語にして

B) a map of Everest を主語にして

B S+V+O+C の受動態

① My name is Richard, and I **am called** Dick by my friends. →159
ぼくの名前はリチャードで，友人たちにはディックと呼ばれています。

能動態 My friends call me Dick.
S V O C

▶S+V+O+C の受動態は，目的語 O を主語にして，補語 C は元の位置に残しておく。

2 (　　) 内の語句を並べかえ，全文を書きなさい。

(1) My baby (by / named / Sara / was) my parents.

(2) What (called / is / this animal) in Japanese?

(3) (left / open / the door / was).

(4) (empty / found / the house / was).

C 助動詞＋be＋過去分詞 / by 以外の前置詞を用いる受動態

① The problem of pollution **must be solved**. 公害問題は解決されなければならない。 ➡161

▶will, can, may, must, should などの助動詞を用いた文の受動態は，〈助動詞＋be＋過去分詞〉となる。また，be going to や have to の場合は〈be going to [have to] be＋過去分詞〉となる。

② Everybody **was surprised at** the news. だれもがそのニュースに驚いた。 ➡164

▶「感情・心理」や「被害」などを表す場合，by 以外の前置詞を伴う受動態を用いることが多い。
be caught in ... (…[にわか雨など]にあう)，be interested in ... (…に興味がある)，be surprised at ... (…に驚く)，be pleased with ... (…に喜ぶ)，be satisfied with ... (…に満足している)など

3 日本語に合うように，英文を完成させて全文を書きなさい。

(1) This restaurant [閉店されるでしょう] next month.

(2) That disease [治療されなければならない] by a doctor.

(3) Bill […に満足していた] the result.

(4) We […にあった] a shower.

確認問題 (　　) 内の語を並べかえ，全文を書きなさい。

(1) A wedding invitation (everyone / in / sent / to / was) my office.

(2) My mother (awake / by / kept / was) the noise last night.

(3) This song (be / by / people / remembered / will) all over the world.

(4) When I was a child, I (in / interested / not / so / was) science.

表現しよう 基本パターンを使って，自分が興味を持っていることを英語で表現しましょう。

基本パターン I'm interested in ....

+α ペアになって相手に次の質問をし，相手の答えを書きとりましょう。質問には，**表現しよう** で作った英文を使って答えましょう。

Q. What are you interested in?

My partner is ＿＿＿＿＿＿＿＿＿＿.

17 受動態③

参 pp. 132-134

A 完了形・進行形の受動態

① Where's my bike? It **has been stolen.** ぼくの自転車はどこだ？　盗まれてしまった。 ➡166

▶完了形の受動態は〈have [has, had] been＋過去分詞〉の形となる。「～されてしまった」などという意味になる。

② The computer **is being repaired**, so you can't use it. ➡167

そのコンピュータは修理中なので使えません。

▶進行形の受動態は〈be-動詞＋being＋過去分詞〉の形となる。「～されているところだ」という意味になる。

1 下線部を主語にして，受動態の文に書きかえなさい。ただし，by … は不要です。

(1) We are selling winter clothes at bargain prices.

(2) We are printing the document now.

(3) We have used this frying pan for more than 10 years.

(4) They have built a lot of tall buildings in Korea.

(5) We haven't published this book yet.

B 群動詞の受動態

① Their wedding **was put off** till next June. ➡168

彼らの結婚式は来年の６月まで延期された。

▶「動詞＋副詞」や「動詞＋前置詞」はまとまって他動詞の働きをする。このまとまりを１つの動詞として受動態を作ることができる。
群動詞には，put off (延期する)，bring up (育てる)，take care of (世話をする)，make fun of (からかう)，turn on ([テレビ・ガスなどを]つける)，hand out (配る)，carry out (実行する)，laugh at (笑う)などがある。

2 下線部を主語にして，受動態の文に書きかえなさい。

(1) My friends laughed at me.

(2) My parents brought me up in Spain.

(3) We put off the baseball game because of the rain yesterday. (by … は不要)

(4) My brother took care of this little dog.

(5) Our homeroom teacher handed out new textbooks to us.

C They say that ... の受動態

① **It is said that** tortoises live longer than elephants. ➡170

② Tortoises **are said to** live longer than elephants. ➡171

カメはゾウよりも長生きするそうだ。

▶They [People] say that S+V ...（人々は…と言っている）の文は，受動態を用いて〈It is said that S+V〉と〈S is said to V〉の２つの形で表せる。なお，that 以下の出来事が They say よりも以前の出来事の場合，〈S is said to have＋過去分詞〉となる。この形に用いられる動詞は，say（言う），report（報告する），think（思う），consider（考える），believe（信じる）などがある。

3 次の各文を，(　　) 内の語句を主語にして書きかえなさい。

(1) People say that teeth play an important role in health. (it)

(2) People know that Kyoto is famous for temples and shrines. (Kyoto)

(3) People think that Mars had water. (Mars)

(4) They reported that the President had visited Hiroshima. (the President)

確認問題 日本語に合うように，英文を完成させて全文を書きなさい。

(1) Near this building, another building [建設中である].

(2) This computer has [使われている] for three years.

(3) Charlie [からかわれた] by his friends when he was a child.

(4) Thomas Edison [考えられていた] be a great inventor.

(5) Life is believed [始まったと] on Earth 360 million years ago.

表現しよう 基本パターンを使って，日本の若者について一般的に言われていることを英語で表現しましょう。

基本パターン It is said that ....

+α ペアになって，表現しよう で作った英文を発表しましょう。また，相手の発表を書きとりましょう。

18 不定詞①

参 pp. 144-147

A 名詞用法①(It is ... to-不定詞)

形式主語　真主語

① **It** is dangerous **to believe** everything on the Internet. ➡174

インターネット上のすべてのことを信じるのは危険です。

▶to-不定詞(to＋動詞の原形)の名詞用法は「～すること」を意味する。

▶It is ... to ～「～することは…だ」: 主語が長くなるのを避けるため, to-不定詞を主語とするときは, 形式主語の it を使い, to-不定詞は It is ... の後ろに置くのがふつう。

1 次の各文を, 形式主語 it を用いた文に書きかえなさい。

(1) To get up early in the morning is nice.

(2) To live without convenience stores in Japan is difficult.

(3) To visit all the sights in Kyoto in a day is impossible.

(4) To walk around in a new town is pleasant.

B 名詞用法②(S+V+C / S+V+O)

① My dream is **to study** computer engineering at university. ➡175

S　V　C

私の夢は大学で情報工学を勉強することです。

▶S+V+C (to-不定詞)「S は～することである」: to-不定詞が文の補語になるパターン。

② I learned **to swim** when I was five years old. ➡177

S　V　O

私は5歳のときに(泳ぐことを学んだ→)泳げるようになった。

▶S+V+O (to-不定詞)「S は～することを V する」: to-不定詞が文の目的語になるパターン。

2 ＿＿に入るものを(a)～(d)から選び, 全文を書きなさい。

(a) to visit my old friends / (b) to keep a balance between work and leisure /
(c) to give me a present on my birthday / (d) to build a new house in his hometown

(1) The important thing in life is ＿＿＿＿.

(2) My daughter never fails ＿＿＿＿.

(3) Satoru's plan is ＿＿＿＿.

(4) I really wanted ＿＿＿＿.

C 形容詞用法

① I need something warm **to wear**. ➡178

私は（着るための何か暖かいもの→）何か暖かい服が必要です。

▶to-不定詞の形容詞用法は，「～する（ための）…」と something，someone などを修飾する。

② We had a chance **to talk** about fashion. ➡180

私たちはファッションについて話す機会がありました。

▶to-不定詞が chance，way，time，reason などを修飾して，「～する（という）…」とその内容を説明する。

3 ____に入るものを(a)～(d)から選び，全文を書きなさい。

(a) to learn about different cultures / (b) to enjoy myself until this job is finished / (c) to do at home before he went to school / (d) to help me with my homework

(1) I need somebody ________.

(2) Traveling abroad is a good chance ________.

(3) I'll have no time ________.

(4) Ken had something ________.

確認問題 (　　) 内の語句を並べかえ，全文を書きなさい。

(1) My (a cabin attendant / become / dream / is / to).

(2) It (from / important / is / learn / to) your mistakes.

(3) Yuto (learned / play / the guitar / to) last year.

(4) I want (buy / eat / something / to / to) for dinner.

(5) My father knows (a good way / coffee / delicious / make / to).

表現しよう 基本パターンを使って，自分の人生で大切にしていることを英語で表現しましょう。

基本パターン It is important to ～ in my life.

+α ペアになって，表現しよう で作った英文を発表しましょう。また，相手の発表を書きとりましょう。

19 不定詞②

参 pp. 148-151

A 副詞用法(目的・結果・感情の原因)

① My mother goes to the supermarket **to buy** some food. ➡181

母は食料を買うためにスーパーへ行きます。

▶「～するために」という目的を表す。目的の意味を明確にするためには in order to ～や so as to ～とする。否定形は not to ～や in order [so as] not to ～で，「～しないように」という意味を表す。

② He awoke **to find** himself in a strange room. ➡183

目が覚めてみると，彼は見知らぬ部屋にいた。

▶「(～して)その結果…」という結果を表す。②は「起きた結果，見知らぬ部屋にいるとわかった」が直訳。

③ I was happy **to see** the clean kitchen. 私はきれいな台所を見てうれしかった。 ➡184

▶感情を表す形容詞と共に使って，be glad [happy] to ～「～してうれしい」，be sad to ～「～して悲しい」，be surprised to ～「～して驚く」など感情の原因を表す。

1 to-不定詞を用いて２文を１文にしなさい。

(1) I went to the library. + I borrowed some books.

(2) One of my students grew up. + She became a dentist.

(3) Maria was happy. + She got a concert ticket.

(4) I was sad. + I heard such bad news.

B 副詞用法(判断の根拠・形容詞を限定)

① You were very nice **to drive** me home. ➡185

家まで車で送ってくださるなんてあなたはとても親切でしたね。

▶「～するとは(…だ)」という判断の根拠を表す。

② This cake is very easy **to make**. このケーキは作るのがとても簡単です。 ➡186

▶to-不定詞が直前の形容詞の適用範囲を限定する。②では形容詞 easy が to make(作る)という範囲に限定されることを表す。この形では，主語(This cake)が to-不定詞(to make)の目的語にもなっている。

2 ＿＿に入るものを(a)～(d)から選び，全文を書きなさい。

(a) This old bridge is dangerous / (b) She was really kind /
(c) I was careless / (d) This problem is difficult

(1) ＿＿＿＿ to take the wrong train.

(2) ＿＿＿＿ to solve.

(3) ＿＿＿＿ to cross.

(4) ________ to take me to the station.

C to-不定詞の意味上の主語

① **It** is fun **for** me **to send** an email in English to my Canadian friend. ➡187

私はカナダ人の友だちに英語でＥメールを送るのが楽しい。

▶It is ... for A to ~「A が～することは…だ」: to-不定詞の意味上の主語を示すときは for A to ～の形で表す。

② **It** was careless **of** you **to leave** your umbrella in the train. ➡188

かさを列車に置き忘れるとは，あなたも不注意でしたね。

▶It is ... of A to ~「～するとは A は…だ」: この場合，形容詞は性質・性格を表すものである。kind [good, nice]（親切な），clever [wise]（賢い），foolish（愚かな），brave（勇敢な），careless（不注意な），honest（正直な）など。

3 次の各文を，(　　) 内の語を意味上の主語にして書きかえなさい。

(1) It is unusual to be late for school. (Nana)

(2) It was kind to give your seat to an older person. (you)

(3) It was foolish to forget my movie ticket today. (me)

(4) Is it possible to come to the meeting today? (Paul)

確認問題 (　　) 内の語句を並べかえ，全文を書きなさい。

(1) I'm (English / learning / study / to) abroad next month.

(2) I'm (sorry / you / wake / to) up early in the morning.

(3) Italian (are / easy / find / restaurants / to) in Tokyo.

(4) It was (keep / of / polite / the boy / to) the door open.

(5) It is often (difficult / for / Japanese music groups / succeed / to) in the U.S.

表現しよう 基本パターンを使って，日本人がよく行うことを英語で表現しましょう。

基本パターン It is common for Japanese people to ~ .

+α ペアになって，**表現しよう** で作った英文を発表しましょう。また，相手の発表を書きとりましょう。

20 不定詞③

参 pp. 152-155

A S+V+O+to-不定詞

① Kathy **wants** her parents **to take** her to New York. ➡189
キャシーは両親にニューヨークに連れて行ってもらいたがっている。

② Our teacher **told** us **to perform** an English play at the school festival. ➡190
先生は私たちに，文化祭で英語劇をするようにと言いました。

▶〈S+V+O+to-不定詞〉では，O が to-不定詞の意味上の主語になる。①の take の主語は her parents，②の perform の主語は us である。

- 願望・期待「Oに～してもらいたい」: want（望む），wish（願う），prefer（…のほうを好む），expect（予期する）
- 命令・依頼・要求「Oに～しなさいと言う」: tell（言う），ask（頼む），advise（忠告する），require（要求する）
- 使役・強制・許可「Oに～させる」: cause（～させる），get（～させる），force（無理やりさせる），allow（許す）

1 ____に入るものを(a)～(d)から選び，全文を書きなさい。

(a) chimpanzees to speak a human language / (b) him to study abroad /
(c) me to meet her at the airport / (d) the patient to have regular meals

(1) We shouldn't expect ________.

(2) Shiori told ________.

(3) Taro's parents allowed ________.

(4) The doctor advised ________.

B 使役動詞＋O＋動詞の原形

① The coach **made** us **run** every day. コーチは私たちを毎日走らせた。 ➡192

② Her father didn't **let** her **go** abroad. 彼女の父親は彼女を外国に行かせなかった。 ➡193

③ I'll **have** the gardener **plant** some trees. 私は庭師に何本か木を植えてもらいます。 ➡194

▶「O に～させる」という意味を表す make，let，have を使役動詞といい，後ろに〈O＋動詞の原形〉を伴う。〈make＋O＋動詞の原形〉は「O に（無理やり）～させる」という強制，〈let＋O＋動詞の原形〉は「O に（許可を与えて）～させてやる」という許可，〈have＋O＋動詞の原形〉は「O に～してもらう」という当然の意味合いを持つ。

2 次の各文を（　）内の表現に続けて，使役動詞を用いた文に書きかえなさい。

(1) She stayed up late yesterday. (Moe's parents let ...)

(2) We read the story aloud in English. (Our teacher had ...)

(3) I stayed in bed for 10 more minutes this morning. (My mother let ...)

(4) His sister cleaned the room. (He made ...)

C 知覚動詞＋O＋動詞の原形

① They **saw** Tom **get** into his car. 彼らはトムが車に乗り込むのを見た。 ➡195

▶see や hear などは知覚動詞と呼ばれ，後ろに〈O＋動詞の原形〉を伴うと「O が～するのを見る[聞く]」という意味になる。主な知覚動詞には see，watch，look at，feel，hear，listen to，notice などがある。

3 次の各文を（　）内の表現に続けて，知覚動詞を用いた文に書きかえなさい。

(1) A man came out of the building. (Ben saw …)

(2) Children played outside with their parents. (We heard …)

(3) John went upstairs. (Did you notice …)

(4) Someone called my name. (I heard …)

(5) The ground shook. (I felt …)

確認問題 （　）内の語句を並べかえ，全文を書きなさい。

(1) I really (meet / to / want / you) my parents today.

(2) He (answer / me / not / to / told) the phone.

(3) We (across / Kosuke / saw / swim) the lake.

(4) The ending of this movie (a lot / cry / made / us).

(5) My parents didn't (a smartphone / allow / have / me / to) until I was 15.

表現しよう 基本パターンを使って，友だちにお願いごとをする文を書きましょう。

基本パターン May I ask you to ～?

+α ペアになって，**表現しよう** で作った英文を使って会話しましょう。また，相手の質問を書きとりましょう。

質問に対する返事の例
- 肯定：Sure. / No problem. / Why not?
- 否定：I'm sorry I can't.

21 不定詞④

参 pp. 156-158

A too ... to 〜 / ... enough to 〜

① My grandmother is **too** old **to travel** alone. ➡197

私の祖母は年をとりすぎていて１人旅はできません。

▶〈too ... to 〜〉は「〜するには…すぎる，…すぎて〜できない」という否定の意味を含んだ表現。〈so ... that S cannot 〜〉と書きかえることもできる。また，to-不定詞の意味上の主語が必要な場合は〈too ... for A to 〜〉となる。

② This coat is **not** warm **enough to wear** in winter. ➡199

このコートは冬に着られるほど暖かくはない。

▶〈形容詞[副詞]＋enough to 〜〉は「〜できるほど十分に…，十分…なので〜できる」という意味になる。warm enough という語順に注意。enough warm のように〈enough＋形容詞[副詞]〉という形にはしない。

1 ____に入るものを(a)〜(f)から選び，全文を書きなさい。

(a) Yuto is old enough / (b) The milk was too hot /
(c) A lot of fathers in Japan are too busy / (d) I felt too nervous /
(e) South Africa is too far / (f) This area is large enough

(1) ________ to spend time with their families.

(2) ________ for us to visit.

(3) ________ to take care of himself.

(4) ________ to build a baseball stadium.

(5) ________ to drink.

(6) ________ to speak in front of people.

B 疑問詞＋to-不定詞

① I don't know **what to do**. 私は何をすればいいかわかりません。 ➡200

② I don't know **whether to take** an umbrella **or not**. ➡202

かさを持って行くべきかどうか私にはわからない。

▶to-不定詞が疑問詞や whether の後に続いて名詞の働きをする。「何を[どのように]〜するべきか」や「〜するべきかどうか」の意味になる。

▶この形は間接疑問文(⇒p.6)と同じ意味を表す。
①=I don't know what I should do. / ②=I don't know whether I should take an umbrella or not.

2 次の間接疑問文を，〈疑問詞＋to-不定詞〉の形を使って書きかえなさい。

(1) I didn't know what I should do.

(2) I wondered whether I should buy the book or not.

(3) I don't know how I can get to the restaurant.

(4) Atsuko didn't know whether she should laugh or cry.

(5) Mike asked his mother where he should put the vase.

(6) I have to check when I should visit the staff room.

確認問題 日本語に合うように，to-不定詞を用いて英文を完成させて，全文を書きなさい。

(1) This bed is [重すぎて運ぶことができない].

(2) This park is [野球ができるほど広い].

(3) This famous picture is [高価すぎて買うことができない].

(4) Takeshi doesn't know [どのようにふるまえばいいか] in front of people.

(5) I didn't know [何と言えばいいか], so I kept silent.

(6) We should teach our children [インターネットの使い方].

(7) Have you decided [家を買うかどうか]?

表現しよう 基本パターンを使って，道順や物の使い方を尋ねる文を書きましょう。

基本パターン Can you tell me how to ~ ?

+α ペアになって，以下の会話文の下線部を自由に補って会話練習をしましょう。道案内の場合は①を，物の使い方の場合は②のパターンを用いること。

A: Can you tell me how to ~ ?

B: <道案内の場合>

① Go down ＿○○通り＿ and you'll see ＿目的地＿ on your (right / left).

<物の使い方の場合>

② OK, I'll show you how to ＿使い方＿. I think it is (difficult / easy).

22 不定詞⑤

参 pp. 162-163

A seem to ～ / appear to ～ / happen to ～

① Jenny **seems to like** her new bike. ジェニーは新しい自転車を気に入っているようだ。 ➡210

② The shop **appeared (to be)** very popular. その店はとても人気があるようだった。 ➡211

③ I **happened to find** my old diary yesterday. 私は昨日たまたま古い日記を見つけた。 ➡212

▶seem to ～と appear to ～はほぼ同じ意味で，「～のようだ」という意味を表す。否定形は don't seem [appear] to ～とするのがふつう。これらは〈It seems [appears] that S+V〉という形で書きかえられる。

▶happen to ～は「たまたま～する」という意味を表し，〈It happens that S+V〉で書きかえられる。

1 次の各文を指示に従って書きかえ，完成した英文を日本語に直しなさい。ただし，時制は元の文に従うこと。

(1) My hometown is similar to Manchester. （下線部に seem to を用いて）

訳

(2) This textbook was difficult at first, but I found it very interesting.
（下線部に appear to を用いて）

訳

(3) John has a good sense of humor. （下線部に seem to を用いて）

訳

(4) I saw my homeroom teacher at Kyoto Station. （下線部に happen to を用いて）

訳

(5) They don't understand the meaning of this poem. （下線部に seem to を用いて）

訳

B to-不定詞の完了形

① Oh, no! I **seem to have forgotten** my wallet. ➡213
あらいやだ。財布を忘れてきたみたいだわ。

② They **seemed to have quarreled**. 彼らは口げんかをしたようだった。 ➡214

▶〈seem [appear] to have+過去分詞〉は「～した[…であった]ようだ」という意味を表す。to-不定詞の完了形(to have+過去分詞)は，述語動詞の表す「時」よりも「前の時」を表す。例えば It seems that Tom enjoyed his trip.(トムは旅行を楽しんだようです。)であれば，述語動詞 seems は現在形だが，that-節内の動詞 enjoyed は過去形である。この場合，Tom seems to have enjoyed his trip. となる。

2 次の各文を seem to を用いて書きかえなさい。

(1) It seems that Eri had a good time in Spain.

(2) It doesn't seem that he knew about the actor.

(3) It seemed that Beth had refused the offer.

(4) It didn't seem that Takuro had finished his homework.

(5) It seems that Sakura went out for lunch with her friends.

(6) It seemed that Misaki had won the tournament.

確認問題 日本語に合うように(　　)内の語句を並べかえ，全文を書きなさい。

(1) 最近の親は自分の子どもたちにたくさんのお金を使うようだ。
Today, parents (a lot of / money / seem / spend / to) on their children.

(2) マオは選手権での自分の結果に満足していたようだ。
Mao (been / have / satisfied / seems / to / with) her result in the championship.

(3) 私はスーパーでたまたま有名なお笑い芸人に会った。
I (a famous comedian / at / happened / see / to) a supermarket.

(4) そのサッカーチームは多くの困難を経験してきたようだった。
The soccer team (experienced / have / many / seemed / to) difficulties.

(5) 大統領は市民の支持を得たように思われた。
The President (appeared / got / have / the support / to) of the citizens.

(6) その漫画は少年たちをわくわくさせるようだ。
That comic book (be / boys / exciting / for / seems / to).

表現しよう 基本パターンを使って，「～したようだ」と家族や友人の様子について述べる文を書きましょう。

基本パターン 家族・友人 ＋seem(s) to have＋過去分詞 ....

+α ペアになって，**表現しよう** で作った英文を発表しましょう。また，相手の発表を書きとりましょう。

23 動名詞①

参 pp. 172-173

A 動名詞の基本用法(1)

① **Parking** a car on the street is bad manners. 道端に車を駐車することは悪いマナーです。➡222
S

▶①は主語としての動名詞「～することは」。〈It is … ～ing〉という形式主語の構文でも表せる。

② Her share is **cleaning** the living room. 彼女の分担は，リビングの掃除をすることです。➡223
C

▶②は補語としての動名詞「～することだ」。形のうえでは進行形と同じなので，文脈から意味を考えることが必要。

③ I'll start **keeping** a diary in English. 私は英語で日記をつけはじめるつもりです。➡224
O

▶③は目的語としての動名詞「～することを[に]」。begin，start，continue などは目的語として動名詞と to-不定詞の両方をとるが，いずれの場合も意味の違いはない。動詞によっては動名詞を目的語にとれないものもあるので注意。

1 語群から適語を選んで動名詞の形にして補い，全文を書きなさい。

[stay / eat / learn / read / climb / visit]

(1) Jun's favorite sport is (　　　) mountains.

(2) (　　　) too much fast food is bad for your health.

(3) My sister likes (　　　) mystery novels.

(4) I really enjoyed (　　　) about foreign cultures.

(5) My plan for summer vacation is (　　　) in the countryside.

(6) (　　　) Hokkaido is becoming popular among foreign tourists.

B 動名詞の基本用法(2)

① I'm afraid **of making** mistakes when I speak English. ➡225
私は英語を話すときに間違うのが怖い。

② She's interested **in doing** a homestay in America. ➡226
彼女はアメリカでホームステイすることに興味を持っています。

▶前置詞の後に「～すること」を続けるときは〈前置詞＋動名詞〉とする。〈前置詞＋to-不定詞〉とはならない点に注意。
<注意すべき to ～ing の表現> look forward to ～ing (～するのを楽しみにする)，be used [accustomed] to ～ing (～することに慣れている)，object to ～ing (～することに反対する)

2 (　　) 内の前置詞を動名詞の直前に補い，全文を書きなさい。

(1) I'm thinking going to Australia. (of)

⑵ Keita has made a lot of money selling a lot of CDs. (by)

⑶ Some Japanese people are not so good speaking English. (at)

⑷ It is important to get used talking with older people. (to)

⑸ I'm looking forward hearing from you soon. (to)

⑹ Takuya is so interested buying things from abroad. (in)

確認問題 日本語に合うように(　　)内の語句を並べかえ，全文を書きなさい。

⑴ 日本では温泉でのんびりと過ごすことは人気があります。
In Japan, (hot springs / in / is / popular / relaxing).

⑵ 私は食べ物を理由なく捨てるのは好きではありません。
I (away / don't / food / like / throwing) without any reason.

⑶ その女の子はぼくにさよならも言わずに部屋から出て行った。
The girl (got out / of / saying / the room / without) goodbye to me.

⑷ 長友先生は一人で日本中を旅行することに興味を持っている。
Mr. Nagatomo (around / in / interested / is / Japan / traveling) alone.

⑸ 修学旅行の最中，私の仕事は生徒たちの写真を撮ることです。
My (is / job / of / pictures / taking / the students) during the school trip.

⑹ 娘は6歳のときにバイオリンの練習を始めた。
My (at / began / daughter / practicing / the violin) the age of 6.

表現しよう 基本パターンを使って，あなたの趣味について英語で表現しましょう。

基本パターン My hobby is ~ing ....

+α ペアになって，**表現しよう**で作った英文を発表しましょう。また，相手の発表を書きとりましょう。
My partner's hobby is ....

24 動名詞②

参 pp. 174-177

A S+V+O(動名詞と to-不定詞)①：動名詞のみを目的語にとる動詞

① Ann **enjoys cooking** dinner for her family. ➡227
アンは家族のために夕食を作るのが楽しみです。

② He hasn't **finished studying** yet tonight. 彼は今夜はまだ勉強を終えていません。 ➡228

③ Don't **put off going** to see the dentist. 歯医者に診てもらうのを先に延ばすな。 ➡229

▶①(enjoy), ②(finish), ③(put off)の動詞は，動名詞を目的語にとるが to-不定詞はとらないものである。
<動名詞のみを目的語にとる動詞> enjoy, finish, put off, stop, avoid（避ける）, deny（否定する）, admit（認める）, imagine（想像する）, mind（気にする）など
<to-不定詞のみを目的語にとる動詞> wish, hope, want, expect, decide, promise, offer（申し出る）, agree（同意する）, refuse（断る）など

1 語群から適語を選んで動名詞の形にして補い，全文を書きなさい。

[bring / clean / drive / make / use / walk]

(1) Tom, have you finished (　　　) your room?

(2) We will put off (　　　) a decision.

(3) Can you imagine (　　　) on the moon?

(4) I don't mind (　　　) if you are tired.

(5) My son should practice (　　　) chopsticks.

(6) The traveler admitted (　　　) some seeds to Australia.

B S+V+O(動名詞と to-不定詞)②：動名詞も to-不定詞も目的語にとる動詞

① I **remember crying** on my first day at school. ➡230
私は初めて学校へ行った日に泣いたことを覚えています。

② Please **remember to mail** the letter. 忘れずに手紙を出してね。 ➡231

▶目的語に動名詞と to-不定詞の両方をとるが，どちらをとるかで意味が違う動詞があることに注意。動名詞は過去のことを，to-不定詞はこれから行う未来のことをそれぞれ表す。
remember ~ing「～したことを覚えている」/ remember to ～「～するのを覚えている⇒忘れずに～する」
regret ~ing「～したことを後悔する」/ regret to ～「～するのを残念に思う⇒残念ながら～する」
try ~ing「ためしに～する」/ try to ～「～しようとする」

2 日本語に合うように，(　　)内の動詞を動名詞か to-不定詞にして全文を書きなさい。

(1) Please remember (post) this letter on your way to school.
投かんするのを

(2) I forgot (bring) my lunch today, so I can't eat anything.
持ってくるのを

(3) I remember (see) you at the station yesterday.
会ったことを

(4) We regret (say) that we cannot accept your idea.
…と伝えるのを

(5) Your team will regret (give up) the plan in the future.
あきらめたことを

(6) Maria almost forgot (lock) the door before she left the house.
かぎをかけるのを

確認問題 語句群から____に適切な語句を選んで補い，全文を書きなさい。ただし，動詞はto-不定詞か動名詞に変えること。

[accept international students / eat between meals / get wet / play the violin / solve the math problem / talk with a friend]

(1) I enjoyed ________ from Paris.

(2) Mike will never forget ________ in an orchestra.

(3) Our school has decided ________ from Australia.

(4) Masa tried ________, but it was too difficult for him.

(5) I don't mind ________ in the rain.

(6) You should stop ________ to lose weight.

表現しよう 基本パターンを使って，あなたのふだんの楽しみについて，なるべく具体的に書きましょう。

基本パターン I enjoy ~ing ....

+α ペアになって，**表現しよう** で作った英文を発表しましょう。また，相手の発表を書きとりましょう。

My partner enjoys ________.

25 動名詞③

参 pp. 178-179

A 動名詞の意味上の主語

① He is proud of **his father being** a police officer. ➡232

彼は父親が警官であることを誇りにしている。

=He is proud that **his father** is a police officer.（his father が動名詞 being の意味上の主語）

② Do you mind **my moving** your car? あなたの車を動かしてもいいですか。 ➡233

=Do you mind if **I** move your car?（my が動名詞 moving の意味上の主語）

▶動名詞の意味上の主語，すなわち動名詞の動作を行うものを明示したい場合は，〈名詞('s)＋動名詞〉の形で表す。意味上の主語が代名詞のときは，所有格(my や his など)か目的格(me や him)を用いて，〈所有格[目的格]＋動名詞〉とする。

1 英文の流れに合うように，(　　)内の表現を動名詞を用いてつなぎ，全文を書きなさい。

(1) I was not aware of (this linear-motor car was leaving the station).

(2) Would you mind (I sit here)?

(3) I don't mind (my son goes out late at night).

(4) We look forward to (Mike returns to our company).

(5) My son strongly remembers (I took him to Universal Studios Singapore).

(6) I appreciate (the teacher always gives me advice).

B 完了形の動名詞

① He was not aware of **having hurt** her feelings. ➡234

彼は彼女の感情を傷つけたことに気づいていなかった。

=He **was** not aware that he **had hurt** her feelings.（動名詞 having hurt は述語動詞 was よりも前の出来事。）

▶動名詞の表す「時」が，述語動詞の表す「時」よりも前の場合，完了形の動名詞(having＋過去分詞)となり，「～したこと」という意味になる。regret ～ing(～したことを後悔する)や remember ～ing(～したことを覚えている)など，時の前後関係が明らかなものは完了形にしなくてもよい。

2 日本語に合うように，完了形の動名詞を用いて英文を完成させて，全文を書きなさい。

(1) My brother is proud of [たくさんの本を読んだことを].

(2) Can you imagine [秘密を守ったことを] for over 50 years?

(3) She was sorry for [大きな間違いをしたことを].

(4) That actor is famous for [支持したこと] environmental protection.

(5) I really feel sorry for [あなたを怒らせたこと].

(6) I am ashamed of [うそをついたこと] to him.

(7) She is proud of [ピアニストだったこと].

確認問題 日本語に合うように（　　）内の語句を並べかえ，全文を書きなさい。

(1) その歌手は，コンサートに遅れたことを申し訳なく思っています。
The singer feels sorry for (been / for / having / late / the concert).

(2) 私は彼がテニスの試合に勝つことを確信している。
I am (his / of / sure / the tennis match / winning).

(3) その研究者はノーベル賞を受賞したことを誇りに思っている。
The researcher is proud (having / of / received / the Nobel Prize).

(4) ナオキは仕事でミスをしたことを恥じている。
Naoki is ashamed (a mistake / having / in / made / of) his job.

(5) 私はこのバンドがアメリカで成功するなんて想像できませんでした。
I couldn't imagine (being / in / successful / this band) the U.S.

(6) その決断の理由をあなたにお尋ねしてもよいでしょうか。
Do you mind (asking / my / the reason / you) for the decision?

表現しよう 基本パターンを使って，あなたが過去にしたことで誇りに思っていることを英語で表現しましょう。

基本パターン I am proud of having＋過去分詞 ....

+α ペアになって相手に次の質問をし，相手の答えを書きとりましょう。質問には，**表現しよう** で作った英文を使って答えましょう。

Q. What are you proud of?

相手の答え：

26 分詞①

参 pp. 186-187

A 名詞を修飾する現在分詞

① The **fighting** men are very big. 戦っている男の人たちはとても大きい。 ➡238

現在分詞 ＋ 名詞＝「～している…」

▶現在分詞が単独で名詞を修飾するときは，現在分詞を名詞の前に置く。

② The girl **practicing** kendo over there is my sister. ➡239

名詞 ＋ 現在分詞＋α ＝「～している…」 あそこで剣道の練習をしている女の子は私の妹です。

▶現在分詞がほかの語句を伴って名詞を修飾するときは，現在分詞を名詞の後ろに置く。

1 (　　) 内の動詞を現在分詞にして，下線部を修飾する英文を完成させて，全文を書きなさい。また，完成した英文を日本語に直しなさい。

(1) Could you take care of the baby? (cry)

訳

(2) The boy is one of my friends. (sit next to you)

訳

(3) You should add a little salt to the water. (boil)

訳

(4) The birds fly to Russia every year. (come to this island during winter)

訳

(5) The sisters are both figure skaters. (live next door to me)

訳

(6) Let's paint a picture of a cat. (sleep)

訳

B 名詞を修飾する過去分詞

① **Recycled** paper is widely used today. 再生紙は今日広く使われています。 ➡240

過去分詞 ＋ 名詞 ＝「～された…」

▶過去分詞が単独で名詞を修飾するときは，過去分詞を名詞の前に置く。

② He's a sumo wrestler **loved** by many people. ➡241

名詞 ＋ 過去分詞＋α ＝「～された…」 彼は多くの人たちに愛されている相撲取りです。

▶過去分詞がほかの語句を伴って名詞を修飾するときは，過去分詞を名詞の後ろに置く。

2 (　　) 内の動詞を過去分詞にして，下線部を修飾する英文を完成させて，全文を書きなさい。また，完成した英文を日本語に直しなさい。

(1) What is the language? (speak in France)

訳

(2) The *Mona Lisa* was found in Italy in 1913. (steal)

訳

(3) I cannot use this microwave oven. (break)

訳

(4) Nancy likes the books. (write by Natsume Soseki)

訳

(5) Japan is an island country. (surround by the sea)

訳

(6) The woman is a famous actor in the U.S. (dress in a blue dress)

訳

確認問題 (　　)内の動詞を現在分詞か過去分詞にして全文を書きなさい。

(1) Rome is a sightseeing spot (know) for its historic buildings.

(2) Koala is a unique animal (live) in Australia.

(3) I don't like to go to a place (fill) with many people.

(4) I remember that I saw so many (shoot) stars in New Zealand.

(5) Miles Davis is a (respect) musician in the history of Jazz music.

表現しよう 基本パターンを使って，あなたの知り合いについて英語で表現しましょう。

基本パターン I know a {man / woman / boy / girl}＋現在分詞／過去分詞 ....

+α ペアになって，**表現しよう**で作った英文を発表しましょう。また，相手の発表を書きとりましょう。

My partner knows ________________.

27 分詞②

参 pp. 189-193

A S+V+C(分詞) / S+V+O+C(分詞)

① Ann **felt hurt** at Bob's words. アンはボブの言葉に心を傷つけられた。 ➡245

▶S+V+C の補語に現在分詞や過去分詞が用いられると，「～しながら V する」や「～されて V する」の意味になる。分詞が S の様子を説明している。

② He **kept** me **waiting** in the rain. 彼は私を雨の中待たせた。 ➡246

③ He **left** his car **unlocked**. 彼はロックしないで車を離れた。 ➡247

▶S+V+O+C の補語に現在分詞や過去分詞が用いられると，「O が～しているのを V する」や「O が～されるのを V する」の意味になる。この形をとる動詞は，keep(O が～している[～される]ままにしておく)，leave(O が～している[～される]まま放っておく)，find(O が～している[～されている]と気づく)などがある。

1 語句群から____に適切な語句を選んで補い，全文を書きなさい。ただし，動詞は適切な分詞にすること。

[break at / freeze in / laugh for / run in / surround by]

(1) My grandfather sat ________ his grandchildren.

(2) Your joke kept me ________ over an hour.

(3) The comedian stood ________ front of the audience.

(4) My son left the water ________ the bathtub.

(5) Mary found her suitcase ________ the airport.

B 知覚動詞＋O＋分詞

① I **saw** Ann **waiting** for a bus. 私はアンがバスを待っているのを見た。 ➡248

② I **heard** my name **called**. 私は自分の名前が呼ばれるのを聞いた。 ➡249

▶知覚動詞(see, hear, feel など)は S+V+O+C(分詞)の文型でも使われる。〈知覚動詞＋O＋現在分詞／過去分詞〉の形で「O が～している[～される]のを知覚する」という意味になる。

2 日本語に合うように，英文を完成させて全文を書きなさい。

(1) At this zoo, we can watch [動物たちが食べているのを] their food.

(2) We can hear [鳥たちがさえずっているのを] in the forest.

(3) I felt [何かが当たっているのを] on my back.

(4) I saw [花びんが割れているのを] in the classroom.

C ～ing を含む慣用表現

① The boys **went swimming** in the pool. 少年たちはプールへ泳ぎに行った。 ➡250

② We **spent** the evening **talking** about our vacation. ➡252
私たちはその夜は休暇のことをあれこれ話して過ごした。

▶現在分詞を使った慣用表現には，go ～ing「～しに行く」，be busy ～ing「～するのに忙しい」，spend＋時間＋～ing「～して時間を過ごす」，have difficulty (in) ～ing「～するのに苦労する」などがある。

3 語句群から____に適切な語句を選んで補い，全文を書きなさい。ただし，動詞は適切な分詞にすること。

[learn how to / look for / prepare for / shop with]

(1) I went ________ my parents on Sunday.

(2) I'm busy ________ the exam next week.

(3) Students today have no difficulty ________ use a computer.

(4) Yumiko spent a lot of time ________ a parking lot.

確認問題 (　　)内の語句を並べかえ，全文を書きなさい。

(1) We often (bowing / Japanese people / see / to) each other.

(2) You should (hidden / keep / passport / your) in foreign countries.

(3) Some students (came / into / running / the classroom).

(4) Joe spent (about 50 years / around / 100 countries / traveling) on a road bike.

(5) These days, many people (checking / busy / are / their smartphones).

表現しよう 基本パターンを使って，自分の自由時間の使い方について英語で表現しましょう。

基本パターン I spend my free time ～ing.

+α ペアになって相手に次の質問をし，相手の答えを書きとりましょう。質問には，**表現しよう**で作った英文を使って答えましょう。

Q. How do you spend your free time?

相手の答え：

28 分詞③

参 pp. 194-197, 200-201

A 分詞構文の形

① **Turning** on the TV, Ann sat down on the sofa. ➡253

テレビをつけて，アンはソファーに座った。

⇒Ann turned on the TV.＋Ann sat down on the sofa.（Ann turned→現在分詞 Turning）

② **Seen** from a distance, the rock looked like a human face. ➡256

遠くから見ると，その岩は人間の顔のように見えた。

⇒The rock was seen from a distance.＋The rock looked like a human face.（The rock was seen→過去分詞 Seen）

▶同じ主語・同じ時制で表される２つの文のうちの一方が，分詞で始まる句で表されることがある（分詞構文）。元の文が能動態であれば現在分詞で始まる分詞構文になり，元の文が受動態であれば過去分詞で始まる分詞構文になる。

1 １つめの英文を分詞構文にして２文を１文にしなさい。

(1) I entered the room. + I saw Eri taking a nap.

(2) Tomoki was born in America. + Tomoki is good at English.

(3) The boy was scolded by his mother. + The boy was crying loudly.

(4) We drove to Nagano last night. + We saw beautiful stars in the sky.

(5) I looked out of the window. + I saw Tom crossing the street.

B 分詞構文の意味

① The boy rowed the boat, **singing** a song. 少年は歌を歌いながらボートをこいだ。 ➡257

② **Hearing** the doorbell, Ann ran to open the door. ➡259

玄関のベルの音を聞いて，アンはドアを開けようと走って行った。

③ **Having** nothing to do, I watched TV. することがなかったので，私はテレビを見た。 ➡260

▶分詞構文の表す意味には，「同時」（～しながら）（①），「時」（～していたときに），「連続」（～して）（②），「理由」（～なので）（③）などがある。

2 日本語に合うように，分詞構文を用いて英文を完成させて，全文を書きなさい。

(1) Natalie cooked lunch, [音楽を聞きながら].

(2) [ロンドンに滞在していたとき], I saw people without an umbrella on a rainy day.

(3) [広島を出発して], we visited Kyoto before we went to Tokyo.

(4) [熱があったので] yesterday, I went to bed earlier than usual.

C さまざまな分詞構文

① **Having eaten** his dinner, he ran out of the house. ➡263

夕食をすますと，彼は家を飛び出して行った。

▶分詞構文が主たる文よりも以前の時を述べる場合，完了形の分詞構文(Having＋過去分詞)で表す。

② **The day being** fine, we decided to go swimming. ➡264

天気がよかったので，私たちは泳ぎに行くことにした。

▶分詞構文の主語が主たる文の主語と異なる場合，〈主語＋分詞構文〉で表す。

③ **Not knowing** his phone number, I couldn't contact him. ➡265

彼の電話番号を知らなかったので，私は彼と連絡がとれなかった。

▶分詞構文の否定形は〈Not [Never]＋分詞構文〉で表す。

④ **When facing** the camera, she was often nervous. ➡266

カメラに向かうと，彼女は緊張することがよくあった。

▶分詞構文の意味をはっきりさせたい場合，〈接続詞＋分詞構文〉で表す。

3 日本語に合うように，指示に従って英文を完成させて，全文を書きなさい。

(1) [自分の宿題を終えたので], I went out with friends. （完了形の分詞構文で）

(2) [電車が到着するので] at the station, I was prepared to get off. （分詞構文主語を用いて）

(3) [気分がよくなかったので], Ann went to see a doctor. （否定形の分詞構文で）

(4) [昼食を食べた後], could you help me with my homework? （接続詞＋分詞構文で）

確認問題 （　　）内の語句を並べかえ，全文を書きなさい。

(1) (a bench / in / on / sitting / the park), Mariko had a hot dog for lunch.

(2) (at / being / busy / not) all, I went out to a nearby restaurant.

(3) (for / having / 10 minutes / waited), I entered the classroom.

(4) (in / shopping / the supermarket / while), I saw my homeroom teacher.

表現しよう 基本パターンを使って，「～していると，私は…した」という文を作りましょう。

基本パターン While＋分詞構文，I＋過去形 ....

+α ペアになって，**表現しよう**で作った英文を発表しましょう。また，相手の発表を書きとりましょう。

While ____________, my partner ____________.

29 分詞④

参 pp. 198-199, 203

A have [get]+O+過去分詞

① Lisa **had** the roof **repaired** yesterday. リサは昨日屋根を修理してもらった。 ➡261

② I **had** [**got**] my hand **caught** in the door. 私はドアに手をはさまれた。 ➡262

▶〈have [get]+O+過去分詞〉は，「使役」と「被害」の2通りの意味を持つ。①は「使役」で「O を～してもらう」という意味を表す。②は「被害」で「O を～される」という意味になる。また，「O を(自分で)してしまう」という「完了」の意味を表すこともある。

1 (　　)内の使役動詞を用いて「使役」「被害」の文に書きかえ，完成した英文を日本語に直しなさい。

(1) Tom his passport steal at the airport. (had)

訳

(2) I need to my hair cut before the school festival. (have)

訳

(3) My sister her watch repair at a department store. (got)

訳

(4) I my bag catch in the train doors. (had)

訳

(5) You should your driver's license renew. (get)

訳

B with+名詞+分詞

① The police car drove past **with** its lights **flashing**. ➡270

ライトを光らせながら，警察の車が走り過ぎて行った。

② She was listening to music **with** her eyes **closed**. ➡271

彼女は目を閉じて音楽を聞いていた。

▶〈with+名詞+分詞〉の形で，「…を～しながら，…を～して」という意味を表す。名詞と分詞の間に be-動詞を入れると文が成立する関係が隠れている。①は Its lights were flashing. で，②は Her eyes were closed. という関係になっている。

2 〈with+名詞+分詞〉の形を用いて2文を1文にしなさい。

(1) Satoshi was reading a magazine. + His arms were folded.

(2) We are happy to hold this party. + So many guests are attending.

(3) We cannot study in this room. + The garbage is thrown on the floor.

(4) Don't leave the room. + Your PC is turned on.

(5) She listened to the story. + Her eyes were shining.

(6) You can relax for a while. + Your baby is sleeping.

確認問題 日本語に合うように（　）内の語句を並べかえ，全文を書きなさい。

(1) モエは結婚式の日に写真を撮ってもらった。
Moe (had / her photos / her wedding / on / taken) day.

(2) エマは自分の髪を整えてもらうのにいつもたくさんの時間をかける。
Emma always (arranged / getting / her hair / much time / spends).

(3) 私は明日古いコンピュータを修理してもらうつもりです。
I'm going to (old computer / have / my / repaired) tomorrow.

(4) ホームステイ先の家族においしいシーフード料理を出してもらった。
I had (by / delicious / seafood dishes / served) my host family.

(5) 彼は脚を組んでベンチに座っていました。
He was sitting (crossed / his legs / on / the bench / with).

(6) 私たちは新鮮なお寿司とお刺身を用意してお待ちしています。
We are waiting for you (fresh / prepared / sushi and sashimi / with).

(7) 気候が暖かくなってきて，上着を着る必要がありません。
(becoming / the climate / warm / with), you don't have to wear a jacket.

表現しよう 基本パターンを使って，「私は…を〜してもらった」という文を作りましょう。

基本パターン I had … 過去分詞 〜 .

+α ペアになって，**表現しよう** で作った英文を発表しましょう。また，相手の発表を書きとりましょう。

My partner had ________________.

30 比較①

参 pp. 213-215

A　A … as＋原級＋as B

① I'm **as happy as** you.　私はあなたと同じくらいうれしいです。 ➡275

▶〈A … as＋原級＋as B〉の形で「A は B と同じぐらい～である」(同等比較)を表す。
「B と同じぐらい多くの…」は〈as many [much]＋名詞＋as B〉で表す。〈名詞＋as many [much] as B〉などとしないよう語順に注意。

② Rome is an old city, but it's **not as old as** Athens. ➡276
ローマは古い都市だが，アテネほど古くはない。

▶〈A … not as＋原級＋as B〉で「A は B ほど～でない」を表す。〈A … not so＋原級＋as B〉となることもある。

1 〈A … as＋原級＋as B〉の形を用いて，下線部の語句と (　　) 内の語句を同等比較する文に書きかえなさい。また，完成した英文を日本語に直しなさい。

(1) Taro studies English hard.　(I do)

訳

(2) Learning English is difficult.　(learning Spanish)

訳

(3) Tokyo Tower is tall.　(the Eiffel Tower)

訳

(4) Ian can swim fast.　(Mike)

訳

(5) Osaka Castle is not old.　(Himeji Castle)

訳

B　A … 比較級＋than B

① Health is **more important than** money.　健康はお金よりも大切である。 ➡277

▶〈A … 比較級＋than B〉で「A は B よりも～」を表す。①では important の程度が health>money であることを表している。

▶much, far, a lot, even, still などを比較級の前に置いて，「はるかに[ずっと]～」と比較級を強めることができる。
「少しだけ～」は〈a little [a bit]＋比較級〉で表す。

② My father is **three years older than** my mother.　父は母より３歳年上です。 ➡279

▶〈A … 数量を表す語句＋比較級＋than B〉で「A は B よりも…だけ～である」と程度の差を表す。〈by＋数量を表す語句〉で表現することもできる。

2 「A) が B) よりも…だ」となるように比較級の文に書きかえなさい。強調語句や数量を表す語句が与えられている場合はそれも加えること。また，完成した英文を日本語に直しなさい。

(1) A) The population of Tokyo is large. / B) that of London

訳

(2) A) Ms. Shibata looks young. / B) she is

訳

(3) A) The new plan is good. / B) the old one （強調語句：far）

訳

(4) A) I am old. / B) my brother （数量を表す語句：three years）

訳

(5) A) Venus is small. / B) Earth （強調語句：a little）

訳

確認問題 (　) 内の語句を並べかえ，全文を書きなさい。

(1) Last night I went to (bed / earlier / my little sister / than).

(2) Haruto has (books / comic / more / than) I.

(3) Takaaki plays (as / as / the guitar / well) Akira.

(4) I (as / can't / fluently / French / speak) as you.

(5) This express arrives at Tokyo (earlier / 30 minutes / than) that local train.

(6) This new house (better / is / much / than) the old one.

表現しよう 基本パターンを使って，得意なこと，好きなもの，数多く持っているものなどについて「BよりもAが〜だ」という文を作りましょう。

基本パターン I 〜 A＋比較級＋than B.

+α ペアになって，**表現しよう** で作った英文を発表しましょう。また，相手の発表を書きとりましょう。

My partner ______________________________.

31 比較②

参 pp. 216-219

A the＋最上級＋in [of] ...

① Mary is **the tallest** girl in our class. メアリーは私たちのクラスの中で一番背が高い女の子です。 ➡280

▶〈the＋最上級＋in [of] ...〉で「…の中で一番～である」を表す。in の後には「場所」や「集団」などのまとまりを表す単数名詞がくる。of の後には，of the three（3つの中で）といった「複数のもの」や，of the year（その1年で）といった「特定の期間」を表す語句がくる。

② Los Angeles is **the second largest** city in the U.S. ➡283

ロサンゼルスは合衆国で2番目に大きな都市だ。

▶second，third などの序数をつけると「X番目に～な…」の意味になる。〈one of the＋最上級＋複数名詞〉で「一番～な…のひとつ」という意味を表す。最上級を強調するには〈much [by far]＋the＋最上級〉（ずば抜けて～）とする。

1 （　　）内の語句を加えて最上級の文に書きかえなさい。

(1) The Nile is a long river. (in the world)

(2) I like sushi. (the best / of all Japanese dishes)

(3) Ichiro is a famous Japanese baseball player. (in the Major Leagues)

(4) Yokohama has a large population. (the second / in Japan)

B 原級⇔比較級⇔最上級(1)

① **No (other)** state in the USA is **as large as** Alaska. ➡284

合衆国の(ほかの)どの州もアラスカほど大きくはない。

▶No (other) A ... as＋原級＋as B「(ほかの)どの A も B ほど～でない」

② **No (other)** state in the USA is **larger than** Alaska. ➡285

合衆国の(ほかの)どの州もアラスカより大きくはない。

▶No (other) A ... 比較級＋than B「(ほかの)どの A も B より～でない」

③ Alaska is **larger than any other** state in the USA. ➡286

アラスカは合衆国のほかのどの州よりも大きい。

▶B ... 比較級＋than any other A「B はほかのどの A よりも～である」

2 次の各文を指示に従って書きかえなさい。

(1) Kei is the best tennis player in my class. (例文①のパターンで)

(2) Emma is the most famous actor in England. (例文②のパターンで)

(3) “STAR WARS” is the most exciting movie in my life. (例文③のパターンで)

(4) Mt. Fuji is the highest mountain in Japan. (例文②のパターンで)

C 原級⇔比較級⇔最上級(2)

① **I've never made such** a **bad** mistake **as** this. ➡287

私はこれほどひどい間違いはしたことがありません。

▶I have never＋過去分詞＋such (a)＋原級＋名詞＋as A「A ほど…な〈名詞〉は～したことがない」

② **I've never made** a **worse** mistake **than** this. ➡288

私はこれよりもひどい間違いはしたことがありません。

▶I have never＋過去分詞＋(a＋)比較級＋名詞＋than A「A より…な〈名詞〉は～したことがない」

③ This is **the worst** mistake **(that) I've ever made**. ➡289

これは私が今までにした中で一番ひどい間違いです。

▶A is the＋最上級＋名詞＋(that) I have ever＋過去分詞「A は私が今までに～した中で一番…な〈名詞〉だ」

3 次の各文を指示に従って書きかえなさい。

(1) "Imagine" is the best song that I've ever listened to. (例文①のパターンで)

(2) I've never visited such a beautiful country as Spain. (例文③のパターンで)

(3) Mao is the most attractive athlete that I've ever seen. (例文②のパターンで)

(4) I've never had such a wonderful experience as studying abroad. (例文③のパターンで)

確認問題 (　) 内の語句を並べかえ，全文を書きなさい。

(1) Abeno Harukas (building / in / is / Japan / the tallest).

(2) No other student (as / in / is / kind / my class) as Yuri.

(3) This is (ever / I've / most / popular / restaurant / the) visited.

(4) Tone river (in / is / longest / river / the second) Japan.

(5) A cheetah can run (animal / any / faster / other / than) in the world.

表現しよう 基本パターンを使って，走るのが速い，歌がうまいなど，家族・学校・クラブの中であなたが一番得意なことについて英語で表現しましょう。

基本パターン I ～＋最上級＋in {my family / my class / the クラブ}.

+α ペアになって，表現しようで作った英文を発表しましょう。また，相手の発表を書きとりましょう。

My partner ....

32 関係詞①

参 pp. 258-259

A 関係代名詞 who，which(主格)

① I have a friend **who** lives in Spain. 私にはスペインに住む友だちがいます。 ➡351

先行詞 関係代名詞

▶関係代名詞(主格)の基本的な形は，「人」+who+V ...「…する(人)」/「物」+which+V ...「…する(物)」である。

▶関係代名詞 who は lives の主語の働きをして，先行詞 a friend を修飾している。
2つの文を結びつける働きをするのが関係代名詞であり，①=I have a friend.+He/She lives in Spain. である。

② Do you know any Japanese festivals **which** are popular in other countries?

先行詞 関係代名詞 ➡352

海外で人気のある日本の祭りを何か知っていますか。

▶関係代名詞 which は are popular の主語の働きをして，先行詞 any Japanese festivals を修飾している。

▶①のように先行詞が人の場合は who を，②のように先行詞が物の場合は which を用いる。

1 下線部の語句を先行詞として，関係代名詞を用いて2文を1文にしなさい。

(1) I have a brother. + He is a musician.

(2) We are looking forward to our vacation. + It starts in March.

(3) Mike is looking for a friend. + He/She speaks Spanish well.

(4) The lady always takes care of the garden. + She lives next door to me.

(5) I like the novels. + They are written by Murakami Haruki.

(6) We will go to an Italian restaurant. + It opened yesterday.

(7) I met a woman. + She can speak five languages.

B 関係代名詞 who [whom]，which(目的格)

① This is the person (**who [whom]**) I met on my trip to Europe. ➡353

先行詞 関係代名詞 こちらは，私がヨーロッパ旅行で出会った人です。

▶関係代名詞(目的格)の基本的な形は「人」(+who [whom])+S+V ...「SがVする(人)」/「物」(+which)+S+V ...「SがVする(物)」であるが，省略されることも多い。また，人が先行詞の場合，関係代名詞(目的格)は whom だが who で代用されることも多い。

▶関係代名詞 who [whom]は I met の目的語の働きをして，先行詞 the person を修飾している。

② This is a picture (**which**) she sent me the other day. ➡354

先行詞 関係代名詞 これは，彼女が先日私に送ってくれた写真です。

▶関係代名詞 which は she sent me の目的語の働きをして，先行詞 a picture を修飾している。

2 下線部の語句を先行詞として，関係代名詞を用いて２文を１文にしなさい。

(1) I had the muffin. + My mother made it for me.

(2) The topic is about school rules. + We are going to discuss it today.

(3) Do you remember the people? + You met them in Vancouver.

(4) That clothing store doesn't have the size. + You want it.

(5) We enjoyed the oysters. + My grandparents sent them to us from Hiroshima.

(6) I know the girl. + You met her at the party yesterday.

確認問題 (　　) 内の語句を並べかえ，全文を書きなさい。また，完成した英文を日本語に直しなさい。

(1) Ken is (practices / the most / the tennis player / who) in our tennis club.

訳

(2) The swimmer (got / the gold medal / was / who) only 15 years old.

訳

(3) The photos (me / showed / were / which / you) all beautiful.

訳

(4) The grapes (are / eating / we / which) now are imported from California.

訳

(5) The people (attended / the meeting / were / who) from various countries.

訳

表現しよう 基本パターンを使って，あなたのクラスメートについて紹介する文を書きましょう。

基本パターン クラスメートの名前 + is a classmate who ....

+α ペアになって，表現しよう で作った英文を発表しましょう。また，相手の発表を書きとりましょう。

33 関係詞②

参 pp. 260-262

A 関係代名詞 whose（所有格）

① Do you know anyone **whose** dream is like mine? ➡355

先行詞　関係代名詞　私の夢と同じような夢を持っている人をだれか知っていますか。

▶関係代名詞（所有格）の基本的な形は「人/物」＋whose＋名詞 ...で「〈名詞〉が…である（人/物）」という意味になる。また，「…を持った」の意味の with で書きかえることができる。例）a computer whose memory is huge⇒a computer with a huge memory（メモリー容量の大きいコンピュータ）

▶関係代名詞 whose は所有格の働きをして，whose dream の形で先行詞 anyone を修飾している。

1 下線部の語句を先行詞として，関係代名詞 whose を用いて２文を１文にしなさい。

(1) Ms. Murata is a good tour guide. + Her tourists can always enjoy their trip.

(2) Mr. Ono is a good teacher. + His students always learn a lot from him.

(3) Mr. Hayashi is a TV personality. + His wife is a doctor.

(4) Lucy is a wonderful chef. + Her food is enjoyed by many people.

(5) The boy is standing over there. + His hair is brown.

B 関係代名詞 that

① You are the only person **that** can help me. 私を助けることができるのはあなただけです。➡357

先行詞　関係代名詞

▶関係代名詞 that は，先行詞が「人」の場合にも「物」の場合にも用いられる。とくに次のような場合に that が好んで用いられる。

(1) 先行詞が the only（唯一の），the same（同じ），the very（まさにその），the first [second, ..., last]，the＋最上級などを伴う場合。

(2) 先行詞に all，every，no などの修飾語がつく場合や，先行詞が everything，everybody [everyone]，anything，anybody [anyone]，nothing，nobody [no one]の場合。

2 下線部の語句を先行詞として，関係代名詞 that を用いて２文を１文にしなさい。

(1) This is the first book. + He wrote it.

(2) You should make a list of all the things. + You have to do them by yourself.

(3) The only thing is your happiness. + It is important to me.

(4) I don't believe anything. + She says it to me.

C 関係代名詞 what

① **What** you've done is the right thing. あなたがしたことは正しいことです。 ➡359

▶関係代名詞 what は先行詞を含んだ働きをするので，〈what+S+V〉は the thing(s) which+S+V に相当し，「S が V すること」を意味する。

▶what you've done が文中で主語の働きをしている。

② These tools are just **what** I need for the job. ➡360

これらの道具は，その仕事に私がまさに必要としているものだ。

▶what I need for the job が文中で補語の働きをしている。

③ I don't believe **what** I can't see. 私は目に見えないものは信じない。 ➡361

▶what I can't see が文中で目的語の働きをしている。

3 下線部の語句を関係代名詞 what を使って書きかえ，全文を書きなさい。

(1) I didn't understand the thing which my math teacher told me.

(2) This book is the thing I wanted to buy.

(3) The thing which the writer wants to say is always written in his works.

(4) You can do the things which you want to do.

確認問題 (　　) 内の語句を並べかえ，全文を書きなさい。ただし，不要な語が一語含まれています。

(1) (said / that / the newspaper / what) made us worried.

(2) Can you see the house (is / red / roof / who / whose)?

(3) This chair is different (from / I / ordered / that / what) from the website.

(4) I found the most beautiful painting (ever / I've / seen / that / what).

表現しよう 基本パターンを使って，自分が今ほしいもの，必要なもの，やりたいこと，言いたいことなどについて英語で表現しましょう。

基本パターン What I … now is+名詞／to-不定詞／動名詞 .

+α ペアになって，表現しよう で作った英文を発表しましょう。また，相手の発表を書きとりましょう。

関係詞③

参 pp. 264-267

A 関係副詞

① The restaurant **where** we ate lunch is not on the map. ➡365

先行詞　関係副詞　私たちが昼食を食べたレストランは地図には載っていません。

▶関係副詞は，関係代名詞のように２つの文を結びつけ，先行詞を修飾する働きを持つ。元の文の副詞の箇所が関係副詞になる。

▶we ate lunch there(そこで＝at the restaurant)：関係副詞 where が副詞(there)と同じ働きをしている。

② I'll never forget the summer **when** I traveled to France. ➡366

先行詞　関係副詞　私は，フランスへ旅をした夏をけっして忘れないでしょう。

▶I traveled to France then(そのとき＝in the summer)：関係副詞 when が副詞(then)と同じ働きをしている。

③ Do you know the reason **why** he didn't come? 彼が来なかった理由を知っていますか。➡367

先行詞　関係副詞

▶why の先行詞は常に reason である。

④ This is **how** I make vegetable curry. このようにして，私は野菜カレーを作ります。 ➡368

▶how＋S＋V＝the way＋S＋V で「S が V する方法」を表す。the way how ... と続けて用いられることはない。

1 下線部の語句を先行詞として，(　　) 内の語句を関係副詞を用いてつなぎ，全文を書きなさい。(how は先行詞なしで用いること。)

(1) Kanazawa is the city. (my parents first met)

(2) April is the month. (the new school year starts in Japan)

(3) You should think about the reason. (you are learning English)

(4) Reading English words aloud is the way. (Takeshi remembers them)

(5) There was a time. (we traveled by horse)

(6) USJ is the place. (we can enjoy rides and attractions)

B 前置詞と関係代名詞

① The girl (**who [whom]**) I spoke **to** comes from Spain. ➡369

先行詞　関係代名詞　前置詞　私が話をした女の子はスペイン出身です。

▶関係代名詞 who [whom] が spoke to の目的語になっている。この関係代名詞は通常省略されることが多い。

② The people **with** **whom** I work are very friendly. ➡371

先行詞　前置詞　関係代名詞　私が一緒に仕事をしている人たちはとてもよくしてくれます。

▶関係代名詞が前置詞の目的語になるとき，〈前置詞＋whom [which] ...〉となることがある。書き言葉である。

▶The people are very friendly.＋I work with them. で，前置詞 with の目的語である them が関係代名詞 whom に変わり，with とともに先行詞を修飾している。

2 日本語に合うように，(　　) に適切な前置詞と関係代名詞を補って全文を書きなさい。

(1) 私たちは所属している社会を守る必要があります。
We need to protect the society (　　) (　　) we belong.

(2) 一緒に旅行した友人が私に何枚か写真を送ってくれました。
The friend (　　) (　　) I traveled sent me some photos.

(3) ジョンは私が話していたミュージシャンです。
John is the musician (　　) I was talking (　　).

(4) ヨシハルは私とよくチェスをする友だちです。
Yoshiharu is a friend (　　) (　　) I often play chess.

(5) これは私がずっと探していた財布です。
This is the wallet (　　) I have been looking (　　).

確認問題 (　　) 内の語句を並べかえ，全文を書きなさい。

(1) A bed is (sleep / something / which / you) on.

(2) Air pollution is the problem (about / are / we / which) really worried.

(3) We (a society / build / in / should / which) everyone can lead a happy life.

(4) I think high schools are (enjoy / places / school life / students / where).

(5) I will never forget (I / met / the day / when / you) for the first time.

(6) Do you know (gave / she / the reason / up / why) her job?

表現しよう 基本パターンを使って，自分が住んでいる場所や行ったことがある場所について，そこでできることや有名なものを説明する文を作りましょう。

基本パターン 場所 + is the place where ....

+α ペアになって，**表現しよう** で作った英文を発表しましょう。また，相手の発表を書きとりましょう。

35 関係詞④

参 pp. 268-270, 272-273

A 関係代名詞の非制限用法

① Tom's father, **who** is 78, goes swimming every day. ➡373
先行詞　トムの父親は，（彼は）78歳ですが，毎日泳ぎに行きます。

② I was late again this morning, **which** made my boss angry. ➡375
先行詞（＝文全体）　私は今朝また遅刻して，そのことが上司を怒らせてしまいました。

▶〈先行詞，関係代名詞 ...〉のように先行詞と関係代名詞をコンマで区切ることで，先行詞に追加説明を加える（関係代名詞の非制限用法）。先行詞が固有名詞や１つしかないものの場合は必ず非制限用法となる。that にはこの用法はないので注意。また，〈..., which ~〉には，前の句や節，文を先行詞とする用法もある。

1 下線部の語句を先行詞として，関係代名詞の非制限用法を用いて２文を１文にしなさい。

(1) I like reading the "Harry Potter" series. + It was made into movies.

(2) Atsuko goes to work by bike. + It keeps her healthy.

(3) Tezuka Osamu was called "the father of manga." + He was a great cartoonist.

(4) We learned about Steve Jobs. + He was the CEO of Apple.

(5) Kazu didn't say anything. + It made his teacher angry.

B 関係副詞の非制限用法

① Next weekend I'm going to Kobe, **where** my sister lives. ➡376
先行詞　この週末には神戸に行きます。そこには妹が住んでいるのです。

② I met him yesterday, **when** he told me the news. ➡377
先行詞　私は昨日彼に会いましたが，そのとき彼はそのニュースを知らせてくれました。

▶関係代名詞と同じく，関係副詞 where と when にも非制限用法があり，先行詞に後ろから情報をつけ加える働きをする。「そしてそこで」や「そしてそのとき，そしてそれから」といった訳し方になる。

2 下線部の語句を先行詞として，関係副詞の非制限用法を用いて２文を１文にしなさい。

(1) Nagoya is in Aichi Prefecture. + I grew up there.

(2) 10 years ago, I traveled to the U.K. + I was a university student then.

(3) I stayed in Singapore until March 1st. + I came back to Tokyo then.

(4) I went to Rome. + I met Antonio there.

C 複合関係詞

① **Whoever** does wrong is punished in the end. ➡380

不正を働く人はだれでも結局は罰せられる。

▶関係詞に -ever がついたものを複合関係詞と呼ぶ。それ自体に先行詞を含んでいるのが特徴である。

▶名詞節を導くもの：whoever（…する人はだれでも），whatever（…するものは何でも），whichever（…するものはどちら[どれ]でも）

▶副詞節を導くもの：whenever（…するときはいつでも），wherever（…するところはどこでも）

② She will come to the party, **however** busy she is. ➡385

たとえ彼女はどんなに忙しくても，パーティーに来るでしょう。

▶複合関係詞には「たとえ…しても」という譲歩の意味を表す用法もある。〈no matter who [what, which, how] ～〉でも表すことができる。whoever（たとえだれが…しても），whatever（たとえ何が…しても），however＋形容詞[副詞]（たとえどんなに…であっても）。

3 日本語に合うように，英文を完成させて全文を書きなさい。

(1) We welcome［来たい人はだれでも］to the party.

(2) Why do you follow me［私が行くところどこでも］?

(3)［私が何を言おうとも］, you won't listen to me.

(4)［どれだけ熱心に勉強しても］, you can't master English in a year.

確認問題（　）内の語句を並べかえ，全文を書きなさい。

(1) Belgium, (our holidays / spent / we / where), has a lot of chocolate shops.

(2) The earth, (around / moves / the sun / which), is a planet in the solar system.

(3) She has two daughters, (are / music / studying / who).

(4) (about / hears / this news / whoever) will be surprised.

(5) (carefully / explained / however / I), the audience didn't understand me.

表現しよう 基本パターンを使って，友人について紹介する文を作りましょう。

基本パターン　友人の名前, who ..., is a friend of mine.

+α ペアになって，表現しよう で作った英文を発表しましょう。また，相手の発表を書きとりましょう。

36 仮定法①

参 pp. 282-283

A 仮定法過去

① **If** I **had** enough money, I **would buy** a new car. ➡386

十分なお金があれば，私は新車を買うのだが。

⇔現在の事実：I don't have enough money, so I won't buy a new car.（実際には十分なお金がないので買わない。）

② **If** Tom **were** here, I **could explain** it to him myself. ➡387

トムがここにいれば，私はそのことを自分で彼に説明できるのですが。

⇔現在の事実：Tom isn't here, so I can't explain it to him myself.（実際にはトムがここにいないので説明できない。）

▶仮定法とは，話し手の「現実にはありえない」という気持ちを表す用法で，仮定法過去は現在の事実に反することを仮定する表現。〈If+S+過去形 ..., S+{would, could, might}+動詞の原形 ...〉で「もしも(今)…ならば，～するのだが」という意味になる。

▶be-動詞は were を使うのが原則だが，主語が単数の場合 was が用いられることもある。主節の助動詞は would(～するのだが)，could(～できるのだが)，might(～するかもしれないのだが)と使い分ける。

1 仮定法過去の文になるように，(　　) 内の語句を適切な形にして全文を書きなさい。

(1) If it (be) fine today, we (can go) mountain climbing.

(2) If I (be) a movie star, I (will buy) a big house with a swimming pool.

(3) If animals (can talk) with us, we (will know) what they are thinking.

(4) If I (know) her address, I (will send) her a birthday card.

(5) If we (have) time and money, we (may travel) abroad.

(6) If you (speak) a foreign language, you (can get) a better job.

B 仮定法過去完了

① **If** we **had had** a map, we **wouldn't have lost** our way. ➡388

地図を持っていたら，私たちは道に迷うこともなかったのに。

⇔過去の事実：We didn't have a map, so we lost our way.（実際には地図を持っていなかったので道に迷った。）

② I **could have gone** out with him **if** I **hadn't been** so tired. ➡389

そんなに疲れていなかったら，彼と一緒に外出できたのに。

⇔過去の事実：I couldn't go out with him because I was so tired.（実際には疲れていたので外出できなかった。）

▶仮定法過去完了は過去の事実に反することを仮定する表現。〈If+S+had+過去分詞 ..., S+{would, could, might} have+過去分詞 ...〉で「もしも(あのとき)…ならば，～したのだが」という意味になる。

2 仮定法過去完了の文になるように，(　　) 内の語句を適切な形にして全文を書きなさい。

(1) If I (be) in Japan 450 years ago, I (can see) Oda Nobunaga.

(2) The team (will win) if John (play) better.

(3) You (will feel) better then, if you (see) a doctor earlier.

(4) If he (not be) a movie star, he (cannot become) President.

(5) You (may not catch) a cold if you (take) your coat.

(6) If I (not study) hard, I (cannot enter) this university.

確認問題 ____に入るものを(a)~(f)から選び，全文を書きなさい。

(a) I would have given up the project / (b) our lifestyle would be different from now /
(c) she wouldn't have been late for school / (d) he could get a higher score /
(e) they could have won the game / (f) I would go to the beach with you

(1) If Ryo studied harder, ________.

(2) If Miki had left home earlier, ________.

(3) If the players had played a little better, ________.

(4) If Kenta hadn't helped me, ________.

(5) If I didn't have a lot of homework, ________.

(6) If we didn't have the Internet today, ________.

表現しよう もしタイムマシンがあったら過去や未来に行って何をしますか。基本パターンを使って英語で表現しましょう。

基本パターン If I had a time machine, I {would / could / might} ~ .

+α ペアになって相手に次の質問をし，相手の答えを書きとりましょう。質問には，**表現しよう**で作った英文を使って答えましょう。

Q. What would you do if you had a time machine?

相手の答え：

37 仮定法②

参 pp. 284-285, 290-291

A I wish＋仮定法

① **I wish I could travel** to Africa. アフリカへ旅行できたらなあ。 ➡390

▶〈I wish＋仮定法過去〉で「～であればなあ，～すればなあ」と，現在の事実に対して反対の願望を表す。

② **I wish I had studied** a little harder. もう少し勉強していればよかったのになあ。 ➡391

▶〈I wish＋仮定法過去完了〉で「～であったらなあ，～していたらなあ」と，過去の事実に対して反対の願望を表す。

③ **I wish** the meeting **would** soon **be** over. 会議がもうすぐ終わってくれればなあ。 ➡392

▶〈I wish ... would ～〉で「～してくれたらいいのになあ」と，起こりそうもないことへの願望を表す。起こりそうなことへの希望は〈I hope ... will ～〉で表す。

1 次の各文を指示に従って書きかえなさい。

(1) I'm sorry I'm not young. (例文①のパターンで)

(2) I'm sorry I didn't buy two movie tickets. (例文②のパターンで)

(3) I hope the weather will be fine tomorrow. (例文③のパターンで)

(4) I hope Tomomi will change her mind. (例文③のパターンで)

B 未来のことを表す仮定法

① **If** you **should be** late again, you'll lose your job. ➡394

また遅刻するようなことがあれば，くびになるぞ。

▶〈If＋S＋should ～, S＋{仮定法過去／直説法／命令文}〉の形で「万一～ならば…」を表す。実現可能性の低い未来についての仮定を表す場合に用いる。

② **If** war **were to break** out, what **would** you **do**? ➡395

もしも戦争が起こるようなことがあれば，あなたはどうしますか。

▶〈If＋S＋were to ～, 仮定法過去〉の形で「仮に～するとしたら…」という意味を表し，実現不可能な仮定から実現可能性のある仮定まで幅広く用いられる。主節は必ず仮定法過去。

2 ＿＿に入るものを(a)～(d)から選び，全文を書きなさい。

(a) we couldn't live on Earth / (b) please say hello to them /
(c) the school will be closed / (d) I would listen to their last album

(1) If the typhoon should come tomorrow, ＿＿＿＿＿.

(2) If I were to listen to the Beatles, ＿＿＿＿＿.

(3) If the ice age were to come again, ＿＿＿＿＿.

(4) If you should see my old friends in Nagoya, ＿＿＿＿＿.

C 仮定法を含む慣用表現

① **If only** money **grew** on trees!　お金が木になればなあ。 ➡402

▶〈If only＋仮定法!〉で「～であればなあ」という願望や後悔を表す。〈I wish＋仮定法〉と同じように用いる。

② Sometimes he acts **as if** he **were** my boss. ➡403

ときどき，彼はまるで私の上司であるかのようにふるまう。

▶〈as if [as though]＋仮定法〉で「まるで…かのように」の意味を表す。

③ **If it were not for** exams, we **would be** happy. ➡404

試験がなければ，私たちは幸せなのだが。

▶〈If it were not for ...〉で「もしも(今)…がなければ」，〈If it had not been for ...〉で「もしも(あのとき)…がなかったら」という意味を表す。〈without ...〉や〈but for ...〉で書きかえることができる。

3 次の各文を指示に従って書きかえなさい。

(1) I wish Becky told me the truth.（例文①のパターンで）

(2) The man always tells a lie and it sounds true.（例文②のパターンで）

(3) Without your help, my presentation wouldn't succeed.（例文③のパターンで）

(4) But for air, people could not live.（例文③のパターンで）

確認問題 日本語に合うように，英文を完成させて全文を書きなさい。

(1) I wish [自分の飼い猫がしゃべれたらいいのに].

(2) [もし坂本龍馬がもどってくるとしたら] to Japan now, what would he do?

(3) Japanese people behave in a foreign country [まるで日本にいるかのように].

(4) [もし安西先生がいなければ], our team couldn't win the tournament.

表現しよう 実現したらいいと思うものや，やってみたいこと，自分の願いについて，基本パターンを使って英語で表現しましょう。

基本パターン　I wish ... would [could] ～ .

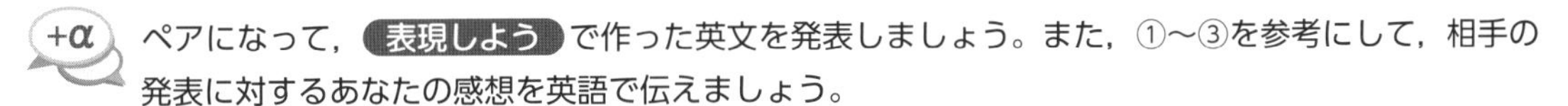

+α ペアになって，**表現しよう** で作った英文を発表しましょう。また，①～③を参考にして，相手の発表に対するあなたの感想を英語で伝えましょう。

① I hope it will come true in the future.　② Maybe you can do it if you try hard.

③ It's a great idea but I think it's impossible.

38 さまざまな構文①

参 pp. 386-388

A 部分否定

① **Not all** cars have air conditioners. すべての車にエアコンがついているわけではない。 ➡539

▶not all [every, both]で「すべてが[どちらも]…であるわけではない(なかには…でないものもある)」という部分否定になる。

② It's **not always** dry in the desert. 砂漠がいつも乾燥しているとはかぎらない。 ➡540

▶not always [necessarily, quite]で「いつも[必ずしも]…であるわけではない(…でないこともある)」という部分否定になる。「すべて」という意味を表す語が否定文で使われているときは注意が必要である。

1 次の各文を，(　　)内の語句を用いて部分否定の文に書きかえなさい。

(1) Having a lot of money means being happy. (not always)

(2) The students passed the exam. (not all)

(3) Test results show how good your English is. (not necessarily)

(4) Food is delicious and good for our health. (not every)

B 二重否定

① There is **no** rule that does **not** have exceptions. ➡541

[例外のない規則はない→]どんな規則にも例外がある。= Every rule has exceptions.

▶〈no … not ~〉で否定(マイナス)と否定(マイナス)がかけ合わされて肯定(プラス)の意味になる。

② You can**not** commit a crime **without** being punished. ➡542

罪を犯せば必ず罰せられる。= Whenever you commit a crime, you are punished.

▶〈not [never] … without ~ing〉で「~することなしには(けっして)…しない」⇒「…すれば必ず~する」という意味になる。

▶〈It is not impossible that …〉で「…は(可能とは言えないまでも)不可能ではない」という意味になる。〈It is not uncommon [unusual] for … to ~〉で「…が~するのは(よくあるとは言えないまでも)珍しいことではない」という意味になる。

2 指示に従って(　　)に適語を補い，全文を書きなさい。

(1) There was (　　) one who was (　　) allowed to vote. (例文①のパターンで)

(2) Ken (　　) leaves home (　　) wearing sunglasses. (例文②のパターンで)

(3) I (　　) see a movie (　　) popcorn. (例文②のパターンで)

(4) There is (　　) one who does (　　) agree with his idea. (例文①のパターンで)

C 準否定

① He looked very different. I **hardly** recognized him. ➡544

彼はとても変わっていた。彼だとはほとんどわからなかった。

▶hardly [scarcely]は「ほとんど～ない」という意味の否定の副詞である。almost not で同じ意味を表すことができる。準否定は，not や no がないのに否定の意味になる点に注意。

▶〈hardly any …〉は「…がほとんどない」という意味を表す。〈(very) little＋不可算名詞〉，〈(very) few＋可算名詞〉で同じ意味を表すことができる。

② She is almost always at home at night. She **hardly ever** goes out. ➡546

彼女は夜はほとんどいつも家にいる。めったに外出しない。

▶〈hardly ever ～〉は「めったに～しない」という意味を表す。seldom，rarely で同じ意味を表すことができる。

3 日本語に合うように，(　　)内の語句を用いて英文を完成させて，全文を書きなさい。

(1) Jim [めったに食べない] sushi while he is staying in Japan. (hardly ever)

(2) I could [ほとんど動かない] on the train this morning. (hardly)

(3) There were [ほとんど人々がいない] in the baseball stadium. (hardly any)

(4) My father [めったに泊まりません] at an expensive hotel. (rarely)

確認問題 日本語に合うように，英文を完成させて全文を書きなさい。

(1) [すべての日本人がするわけではない] what other people do.

(2) You cannot leave here [何も買わずに].

(3) I can [ほとんど理解できない] what the teacher says.

(4) In Kyushu, it [めったに雪が降らない].

表現しよう 基本パターンを使って，自分の日常生活や生活習慣において「必ずしも～ない」と思うことを英語で表現しましょう。

基本パターン I am [do] not always ～.

+α ペアになって，**表現しよう**で作った英文を発表しましょう。相手の発表に対して，自分はどのくらいの頻度でそれを行うか，下の表現を使って答えましょう。

I'm {always / not always} ～. / I {often / sometimes / rarely} ～.

39 さまざまな構文②

参 pp. 398-401

A 名詞構文

① **Janet is a good speaker of Japanese.** ジャネットは日本語を上手に話す。 ➡565

▶〈形容詞＋「～する人」〉で日本語の「副詞＋動詞」に当たるものを表現する。a good speaker(上手な話し手)＝「上手に話す」となる。

② Let me **have a look** at your new bicycle. あなたの新しい自転車をちょっと見せてください。 ➡566

▶〈have [take, make, give, get]＋a＋名詞〉で動詞の役割を果たす。名詞に形容詞がつくことも多い。have a look ＝look「見る」となる。

③ She apologized for **her** late **arrival**. 彼女は遅れてやって来たことを謝った。 ➡567

▶動詞や形容詞を背景に持つ名詞は，元の動詞や形容詞にもどすと意味がつかみやすくなる。her late arrival(彼女の遅い到着)＝she arrived late(彼女は遅れて到着した)となる。

1 ＿＿に入るものを(a)～(d)から選び，全文を書きなさい。また，完成した英文を日本語に直しなさい。

(a) a deep breath / (b) protection of the environment /
(c) the safest driver / (d) his knowledge of French

(1) We think that ＿＿＿＿ is important in today's society.

訳

(2) In Satoshi's presentation, I was surprised at ＿＿＿＿.

訳

(3) The actor took ＿＿＿＿ before the performance.

訳

(4) My sister is ＿＿＿＿ in our family.

訳

B 無生物主語構文

① **A good sleep** will make you feel better. ➡568

ぐっすりと眠れば，あなたは気分がよくなるでしょう。

② **The bad weather** kept us from going out. ➡569

天気が悪かったので，私たちは外出できなかった。

▶英語では，「無生物」を主語に，「人」を目的語にした無生物主語構文がよく用いられる。日本語に訳す場合は，「人」を主語に，「無生物」を副詞のようにして意味をとらえるとよい。

(1)「物が人に～させる」: make＋人＋do, help＋人＋(to) do, cause [force, enable]＋人＋to do
(2)「物が人が～するのを妨げる」: keep [prevent, stop]＋人＋from ～ing
(3)「物が人を…へ連れて行く」: take [lead, bring]＋人＋to ...
(4)「物が(人に)…を示す」: show [say, tell](＋人)＋that ...
(5)「物が人に…を思い出させる」: remind＋人＋of ...

2 日本語に合うように，(　　)に適語を補って全文を書きなさい。

(1) この写真を見ると，広島への修学旅行のことを思い出す。
This picture (　　) me (　　) my school trip to Hiroshima.

(2) 飛行機のおかげで，人々は長距離を早く移動することができる。
Airplanes (　　) people (　　) travel great distances quickly.

(3) この英語の授業は，私が英語を学ぶのにおおいに役に立った。
This English class greatly (　　) me (　　) English.

(4) 今朝，大雪のせいで私は学校に行けなかった。
The heavy snow (　　) me (　　) going to school this morning.

(5) このバスに乗れば東京駅に行けますよ。
This bus will (　　) you to Tokyo Station.

確認問題 次の各文を指示に従って書きかえなさい。

(1) We couldn't leave the airport because of the typhoon. (prevent を使って)

(2) Tetsuya is good at playing soccer. (player を使って)

(3) Let's look at the main points quickly. (take a＋形容詞＋look の形で)

(4) I remember my days in England when I see "Harry Potter." (remind を使って)

(5) Since you helped me, I could finish my work. (enable を使って)

表現しよう 基本パターンを使って，これまでの人生の中で家族や友だちのアドバイス，先生の言葉など，自分が何かをするときに役に立ったことを英語で表現しましょう。

基本パターン 役に立ったこと ＋helped me＋動詞の原形 ....

+α ペアになって相手に次の質問をし，相手の答えを書きとりましょう。質問には，**表現しよう** で作った英文を使って答えましょう。

Q. What helped you in your life?

相手の答え：

動詞の不規則変化

◆それぞれの動詞の変化形を書き入れましょう。

原形・意味	過去形	過去分詞形	～ ing 形
become（…になる）	became	become	becoming
break（壊す）			
build（建てる）			
buy（買う）			
come（来る）			
do（する）			
drive（運転する）			
eat（食べる）			
fall（落ちる）			
feel（感じる）			
find（見つける）			
get（手に入れる）			
give（与える）			
go（行く）			
have（持っている）			
know（知っている）			
leave（去る）			
make（作る）			
meet（会う）			
read（読む）			
rise（昇る）			
run（走る）			
say（言う）			
see（見る）			
send（送る）			
speak（話す）			
swim（泳ぐ）			
take（取る）			
tell（話す）			
think（考える）			
write（書く）			